Cambra Maria Skadé

Töchter der Mondin

ein mytho-poetisches Schau- und Lesebuch

Arun

Arun-Verlag, Engerda 28, D – 07407 Uhlstädt-Kirchhasel
Tel: 036743-233-0, Fax: 036743-233-17
info@arun-verlag.de, www.arun-verlag.de
Gesamtgestaltung: Cambra Skadé
Herstellung: Himmer AG, Augsburg

ISBN 978-3-86663-021-5

Inhalt

Mit Wind bekleidet,
Feuer atmend,
in der Umarmung
von Licht
und Finsternis
lasse ich mich hinein-
gebären in den Erdenfluß

Vor Worte

Bilder und Geschichten
Bildergeschichten
Geschichtenbilder

Mythologie und Poesie, Magie und Kunst berühren uns hier, Mondtöchter begegnen uns, geben unseren Sehnsüchten Entwicklungsraum und unseren Wünschen Hoffnung.
Dies ist ein Buch für neugierige Frauen (und auch für neugierige Männer).

Wir Töchter können alle auch Töchter der Mondin werden, wenn wir die seit Urzeiten den Frauen zugeordnete Mondkraft verstehen, unsere verborgenen ureigenen Kräfte stärken und uns auch unserer scheinbaren Schwächen bewusst werden.
Den Zyklus der Jahreszeiten, den Rhythmus der Natur erkennen als Raum, der uns Heimat geben, uns fördern und fordern kann, unsere Träume zu leben und mit all unserem Sein zu experimentieren, spielerisch, neugierig uns selbst und den eigenen Rhythmus zu entdecken.
Dazu kann dieses Buch anregen und ermuntern.
Gelesenes, Gesehenes, Selbsterlebtes last sich zu Neuem verweben, last neue Geschichten entstehen, die, wiedererzählt, neu erlebt, anregend für andere Mondtöchter werden können.
Es wird möglich, lebendig an altes Wissen anzuknüpfen und uns in der Reihe unserer Ahninnen aufgehoben zu fühlen.
Eingewebt sein ins große Bild der Geschichte von uns Frauen in Vergangenheit, Gegenwart und Zukunft, sich als Teil des großen Ganzen fühlen können.

Die Wurzeln der Bilder und Geschichten von Cambra führen in nordspanische Sommermonate mit ursprünglicher Landschaft und eindrücklichen Frauenbegegnungen, in heimische Herbst-, Winter- und Frühlingszeiten mit den Jahresfesten gefeiert im Frauenkreis, in vielfältige Experimentierräume und eine wesentliche Wurzel führt zu den Wohlfühlfrauentreffen ICAMOA.
Da trafen sich vor sieben Jahren

eine Bilderweberin,
eine Lehmbauerin,
eine Menschenbegleiterin.

Und sie treffen sich seitdem viele Male im Jahr immer wieder auf ganz unterschiedliche Art und Weise.
Wir wurden zu Schwestern, zu Tänzerinnen auf den Gratwanderungen des Lebens, zu Begleiterinnen im lustvollen, spielerischen Entdecken und Erleben, im Suchen und Finden passender Rituale. Da wurde erspürt und gesagt, gestreichelt, massiert und geschaukelt, gelacht ... Wir sahen und spürten uns als Blütengebilde, als Tiere, als uralt und neu geboren. Staunend erlebten und erleben wir, wie über sieben Jahre unsere Intuition, Phantasie und Faszination immer weiter wächst und Neues entstehen last ...
und die Bilderweberin wurde zur Geschichtenweberin.

Cambra lädt ein,
auch zur Sucherin, zur lachenden Entdeckerin
der inneren und äußeren Welten zu werden,
die Symbole zu verstehen, die an Wesentliches erinnern,
Zugang zur weiblichen, zur schöpferischen Magie zu finden,
indem wir Erstarrtes lösen und unsere Visionen leben,
die eigene Würde zu erfahren, wenn wir bewusst leben
und so ein neues Rollenverständnis entwickeln,
Königin zu sein,
heil zu werden und zu heilen,
unsere verborgenen Schätze auszugraben,
uns von der weisen Alten an der Hand nehmen zu lassen,
aufzustehen und zu gehen, zu tanzen ...

Mea v. Eyb

Die weise Alte

Unerwartet ist sie da und will es wissen.
Warum, meinst du, bist du hier?
Ich frage dich, bist du ab und an über deinen Schatten
gesprungen? Hast du selbst bestimmt, wie du lebst?
Hast du gekämpft für das, was dir wichtig war?
Hast du den Mut gehabt, aus heiterem Himmel zu lachen
und dabei dir, deiner dunklen Seite zu begegnen?
Hast du eine Zeit der Einsamkeit gekannt, bist durch
Wüsten gegangen und dabei stärker geworden?
Hast du dich hingegeben und berühren lassen?
Waren deine Begegnungen lust- und liebevoll?
Hast du dich selbstvergessen im Wind gedreht, bist im
warmen Regen gelaufen und in Pfützen gesprungen?

Was hast du dir erlaubt?
Hast du barfuß unter freiem Himmel getanzt?
Hast du dich beflügeln lassen von deiner Phantasie?
Bist du im Mondschein durch samtenes Wasser
geschwommen und hast dabei die Nacht entdeckt?
Hast du an Lagerfeuern Geschichten erzählt und den
Frauen zugehört? Hast du etwas riskiert?
Warst du einfallsreich? Hast du deinen Einfällen die
Möglichkeit gegeben, dich reich zu machen?
Hast du deine Träume gelebt?
Bist du neugierig geblieben auf das, was noch kommt?

Dann lass uns gehen.

Auf dunkler Reise

Ich tanze ins Reich der Schatten
und spreche die Worte der Macht.

Ich rufe die uralte Mutter,
die Tödin, die Göttin der Nacht.

Ich reise auf schwarzen Schwingen
zur Ahnin in magische Zeit

und finde mein Blut, meine Spucke,
seh´ in die Zukunft so weit.

Fragmente web´ ich und flicke,
spiele mit Knochen am Strand,
Fragmente verstreu´ ich und schicke
Zeichen in buntem Gewand.

Ahninnendecke

Die dunkle Zeit kommt und der Wunsch nach Rückzug wird stärker, je grauer es draußen wird. Herdfeuer, lange ins Dämmerlicht schauen, die Langsamkeit willkommen heißen, dem Übergang vom Zwielicht zur Nacht genau nachspüren, sich verkriechen. Die Rabenkrähen auf leeren dunkelbraunen Äckern rufen mir zu, dass es Zeit für die Ahninnen wird. Ich hole sie hervor, an einem grauen Spätnachmittag - meine Ahninnendecke. Die Zeit bis zum Perchtentag wird sie bleiben, mich einhüllen, mich zurückführen zu meinen Wurzeln, meine Ahninnen lebendig werden lassen. Jedes Jahr wächst sie ein Stückchen. Ich habe sie alle eingenäht, verwebt, ihre Bilder, mit schwarzen Fäden umhäkelt, Erinnerungsfetzen mit eingeflochten. Es sind meine Großmütter, Patinnen, die, die mich inspirierten, die mir zeigten, wie ich mutig meinen Weg gehen kann, Vorfahrinnen, die mich in die Tiefe der Zeiten führen. Die Fülle ihrer Lebenserfahrungen, ihre Kraft umhüllt mich. Die Ahninnendecke knistert, raschelt und raunt mir Geheimnisse zu. Warm liegt sie um meine Schultern. Ich könnte jetzt auch einschlafen und sterben, einfach so. Sanft und leise wüsste ich mich aufgefangen, begrüßt und geführt. Es ist die Tödin, die ich spüre, die mich irgendwann einmal geleiten wird, die Hebamme in Leben und Tod. Meine Ahninnen lachen und werden mich willkommen heißen, wenn ich den letzten Bogen auf der Spirale laufe, mich öffne, hingebe. Nun werden wir unsere Zeit miteinander haben, mit weißen Speisen, Geschichten und Liedern nehme ich Verbindung auf zu ihnen, zu meinem alten Wissen. Es ist meine dunkle Zeit, die so heilsam, so tief ist. Da ist meine intelligente Großmutter Berta, die mir von ihrem Kampf für ihre Bildung erzählt und ihre schöne Zwillingsschwester Augusta, die nicht wusste wie hinreißend sie ist und den Ruf einer streitlustigen Kämpferin hatte. Li, charismatische Frau des Gesangs, der Oper, Muhme, die zu viel aufgab für ihre Männer. Großmutter Maria mit ihrem harten armen Bäuerinnenleben, Urgroßmama, Reisende, die von Bahnhöfen oft nicht mehr nach Hause kam, die ihrer Sehnsucht, ihrem Fernweh nachgab und fremde Länder bereiste, ohne Zaudern und ohne Angst und irgendwann mal wiederkam. Tante Lina, die rauchte, das Leben genoss und auf alle Konventionen pfiff. Alle sind sie um mich mit ihren vielfältigen Energien. Oft setze ich mich in den dunklen Nächten mit meiner Decke in die Mitte meines Zimmers, mit Kerzen, Griesbrei und Reis. Für jede nehme ich ein Reiskorn, spreche ihren Namen, rufe sie, lade sie mit meiner Flöte ein, all diejenigen, auf deren Schultern ich stehe.

Schwarze Frauen auf dem Berg,
dunkel an Bäume gelehnt,
gehen den Weg zu den Alten.
Die Federrassel führt uns zu den Ahninnen
und als Tochter der Percht lache ich mit dem Sturm.
„Bei“, rufen wir sie, mit Knochen rasselnd
und geben beim alten Hollerbaum
Speisen und Schnaps und einen Kinderreim im Reigen.

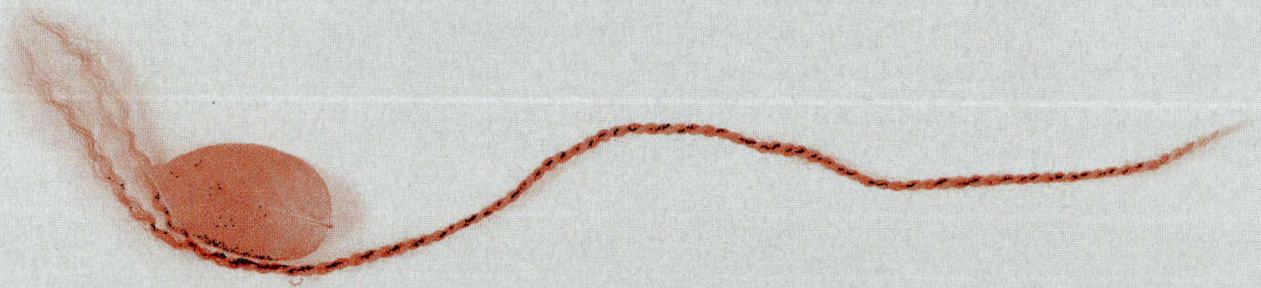

Trommelklänge

Ich schlage die Trommel
und tanzend rassle ich mit Knochen.
Mit der Trommel reise ich in andere Welten,
um Antworten mitzubringen.

Wir holen uns die Kraft der Trommel zurück und gehen so einen Schritt weiter zu unserer alten Macht. Von weit her tönen die gleichmäßigen, tiefen Schläge der Djemben, deren Ruf wir folgen. Im Gleichklang mit dem Herzrhythmus verschmelzen wir mehr und mehr mit den Tönen. Bald werden wir auf dem Berg die Frauen treffen und in den Kreis der Trommeln treten. Stundenlang spielen wir, reisen durch magische Räume, lassen uns forttragen, und uns in andere Zeit-Räume führen. Wie von selbst finden die Hände ihren Rhythmus. Es zieht mich langsam durch das Fell in den Bauch der Trommel. Durch die Haut sinkt mein Geist in den Holzkörper hinein, die Töne um mich herum beginnen mich zu durchdringen. Im Bauch der Trommel flirrt es golden, sonnengleich. Klangfarben umgeben mich. Wie durch einen Kanal fliege ich hinaus in die Weite, wo mir die Trommel in Bildern und Geschichten zeigt, was meine weise innere Stimme sagt. Es ist, als ob ich in einen Brunnen stiege und aus meiner tiefen Quelle Antworten schöpfte.

Die Haut gespannt, vibriert,
schwingt in weiten Wellen.
Gespielt, berührt vom Leben,
pulsiert das Herz und läßt
die ureigensten Rhythmen
erklingen.
Klangkörper werden,
in Schwingung versetzt werden,
durchlässig sein für Impulse

Nordstab

An Samhain kommt der wunderschöne Nordstab zu mir, als Geburtstagsgeschenk. Aus einem abgestorbenen Kiefernast schnitzt Asja eine Kostbarkeit, gestaltete Lebensenergie. Seitdem ist er bei meinem Altar und erinnert mich an meine Geburt und an meine Tode.

In einer kalten Winternacht zieht Maria Negra aus, eine Nordstabgeschichte zu finden. Keine weiß, wie lange sie bleiben wird, aber wenn sie wieder zurückgekehrt ist, wird sie ihre Geschichte zu den vielen vorangegangenen in den Stab schnitzen. Es ist Mitternacht, sternenklar und eisig kalt. Maria Negra geht der Stille entgegen, tief in die Nacht hinein. Kein Geräusch weit und breit ist zu hören, nur das Knirschen unter ihren Füßen. Als wäre sie in der winterlichen Weite der Taiga verloren, als gäbe es außer ihr kein fühlendes Wesen, so nimmt sie sich wahr. Wo würde ein Schrei hingehen? Die allesdurchdringende Stille umhüllt sie, die dicke Schneedecke schluckt alle Töne. Je mehr sie in die Stille geht, desto näher kommt sie ihrer Bestimmung. Leicht beginnt es zu schneien, und schon bald sind ihre Fußspuren verschwunden. Keine Richtung ist mehr auszumachen auf den weiten weißen Feldern. Da erinnert sie sich an die wogenden Ähren, die den Sommer in die Landschaft malten und es zieht sie zu Boden. Sie will die Erde umarmen, legt sich darauf und da vernimmt sie von tief innen ein leises, fast unhörbares Pulsieren. Es ist die Lebendigkeit der Erde, ihre eigene Lebendigkeit, die sie spürt, die sie aufstehen und weiter die Nacht durchschreiten lässt.
Nach sieben Tagesreisen durch die Dunkelheit gelangt sie an ein Gebirge. Sie wird weitergehen, nochmal sieben Tage. Über steile Felsen und durch Schluchten tastet sie sich und beginnt allmählich mit dem Winter, der Kargheit auszukommen. In ihrer Tasche trägt sie verschiedenes Getreide mit sich, von dem sie sich ernährt. Manchmal, im Schutz von Steinen, hält sie es

auch nur in Händen und versenkt sich in den Kern der Gerste, des Hafers. Sie sieht die Maismutter in den goldgelben Körnern, während Schnee in ihre Hände fällt und von der Wärme schmilzt. Wenn sie müde wird, sucht sich Maria Negra Höhlen, zieht sich tief ins Innere, in den Schlaf zurück. Je weiter sie sich in die Höhlen vortastet, desto mehr spürt sie die Wärme der Erde. Wie in einem Schoß schläft sie tief und geborgen und im Erdinneren strömt ihr das Leben entgegen. Mit neuer Kraft erwacht, lässt sie ein bisschen Getreide und Salz für die Tiere da und setzt ihren Weg fort. Auf ihren Tageswanderungen überfällt sie oft eine unsägliche Einsamkeit und Verlorenheit. Die Dunkelheit scheint kein Ende zu nehmen, das Licht und die Wärme scheinen in unabsehbare Ferne gerückt. Und doch weiß sie, dass auch die längste Nacht einmal zu Ende gehen wird. Der Nordstab fällt ihr ein. Wie viele Frauen vor ihr haben auf dem Holz schon ihre Erfahrungen festgehalten in geschnitzten Bildern, die von Tod und Geburt erzählen. Die vielen Tode, verlorenen Konzepte und Strukturen, die Zeiten für einen Neuanfang verbinden sich in Symbolen und Bildern. Es sind die Geschichten und Namen der Erdgöttin, es sind die Tränen und der Verlust sowie die Freude über die Neugeburt, die auf dem Stab abzulesen sind. Nach weiteren sieben Tagen meint Maria Negra, in dem weißen Schneetreiben eine Gestalt zu sehen. Sie taucht auf, verschwindet, scheint zu winken, zu rufen und doch entzieht sie sich bei jedem genaueren Hinsehen. So geht es über viele Stunden hinweg. Je weniger Maria Negra die Anwesenheit als irritierend empfindet, desto länger und deutlicher lässt sich die Frau sehen. Alt ist sie, weiß, mit Fetzen bekleidet. Geheimnisvoll verharrt sie neben dem Weg. Sie will etwas, das spürt Maria Negra. Als sie versucht, sie anzusprechen, weiß sie, dass die Stille keinen Laut nach außen dringen lässt. Aber je mehr sie in Gedanken mit ihr spricht, desto deutlicher hört sie von innen heraus, was die Alte sagt. Es sind keine eindeutigen Worte, nur Gefühle, Ahnungen, innere Stimmen. Wie ein Pfeil durchbohrt es sie. Alles will sie, ihren Körper, ihr Leben und, als hätte sie nicht längst gewusst, auf welche Reise sie sich begab, rennt sie, flieht vor der

Gewissheit, der Tödin begegnen zu müssen. Als würde sie über den gesamten Erdball rennen, versucht sie, ihrer Angst zu entkommen, bis sie schließlich innehält und beschließt, ihre Angst zu überwinden, das Unausweichliche anzugehen und sich auf das Leben einzulassen. Und so lässt sie das Gebirge hinter sich und zieht weiter Richtung Norden durch endlose Steppen. Vieles muss sie unterwegs begraben. Da trägt sie die Schnelligkeit und die Ungeduld, Pläne und Festgefahrenes zu Grabe und Bilder von sich und der Welt. Es ist, als müsste alles Unwesentliche verbrennen, vergehen, bis nur noch das übrigbleibt, was Substanz hat. Wie schwer fällt es ihr, das Sterbenlassen und wie frei und erneuert fühlt sie sich im gleichen Moment. Es wächst die Sicherheit und das Vertrauen in die Erneuerung und endlich beschließt sie, der uralten Mutter zu folgen. In weiter Ferne taucht schemenhaft die Gestalt der eigenwilligen wölfischen Alten auf. Maria Negra geht ihr entgegen, wortlos sehen sie sich an und viele Tage wandern sie über die Grenzen, durch Wildnis und Schatten.

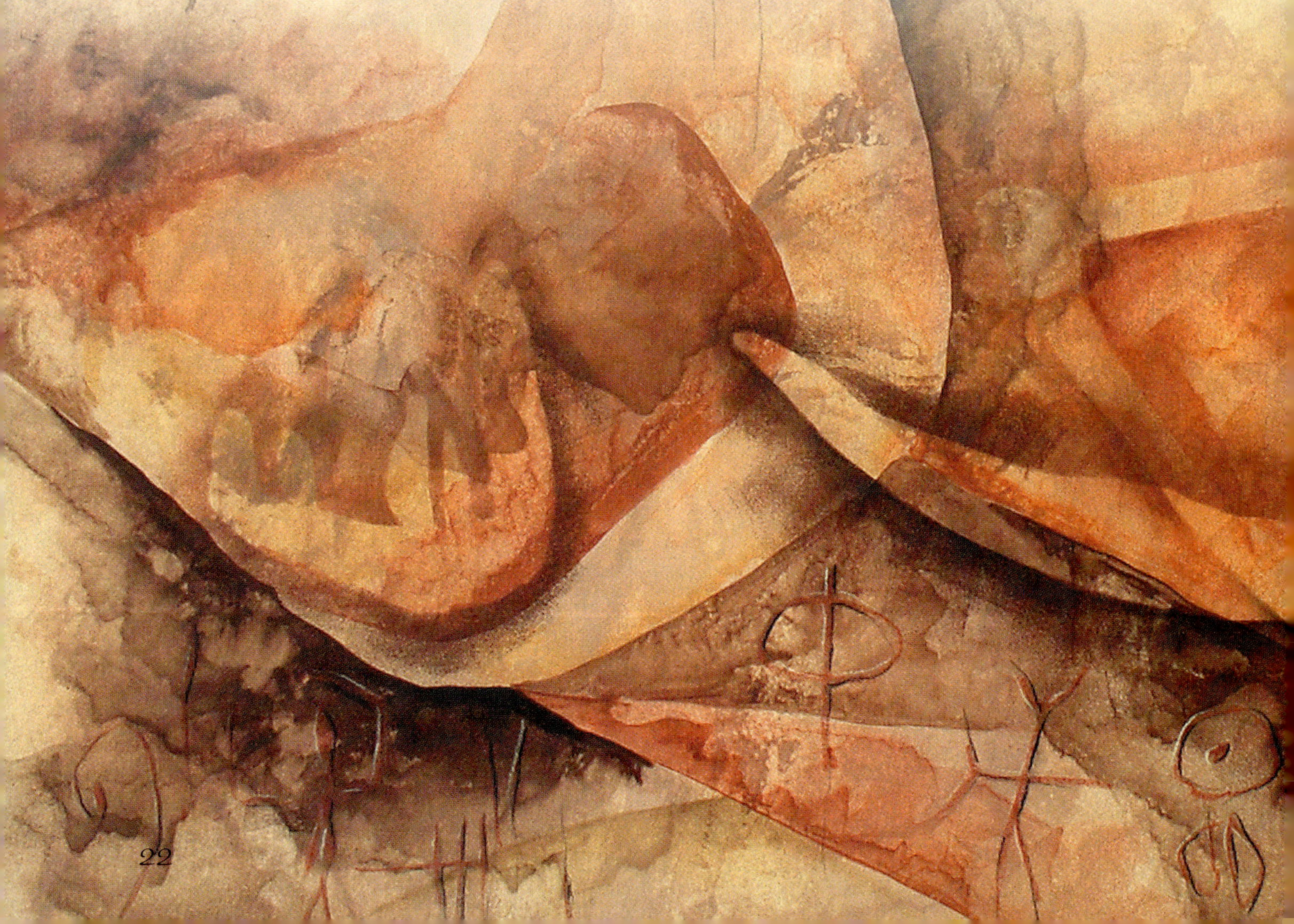

Während Maria Negra die Namen der Alten findet, wird diese zur Todlehrenden. Sie ist ihre Führerin auf der langen dunklen Reise. Auf dieser labyrinthischen spirituellen Reise wird vieles verbrannt, zerstört, gewandelt. Eines Tages, in der tiefsten Nacht, legt sich Maria Negra auf ein weites Feld zum Sterben hin. Ihr Körper wandert in die Erde, zerfällt, wird Nährstoff. Die Alte sitzt als Seelenhüterin an ihrer Seite, geleitet sie in die Tiefen ihres Schoßes. Und dort ist die Wandlungskraft der Erde, all die Lebensenergie, die nährt und erneuert, die die Seele stärkt. Die Hebamme in Leben und Tod formt, gebiert Maria Negra neu, lässt sie Saat werden, wachsen, sich entfalten. Erneuert erhebt sie sich, setzt den ersten Schritt, spürt die unbändige Lebenskraft in sich, die Wärme, das Licht. Sie wird zu den Frauen gehen und sie an die Mysterien von Leben und Tod erinnern. Gemeinsam werden sie die Lebensprozesse beobachten und irgendwann wieder der Alten folgen, im Vertrauen auf die lebenserneuernde Kraft der Erde. Sich ihrer Wurzeln bewusst, findet sie Wachstum unter der Schneedecke.

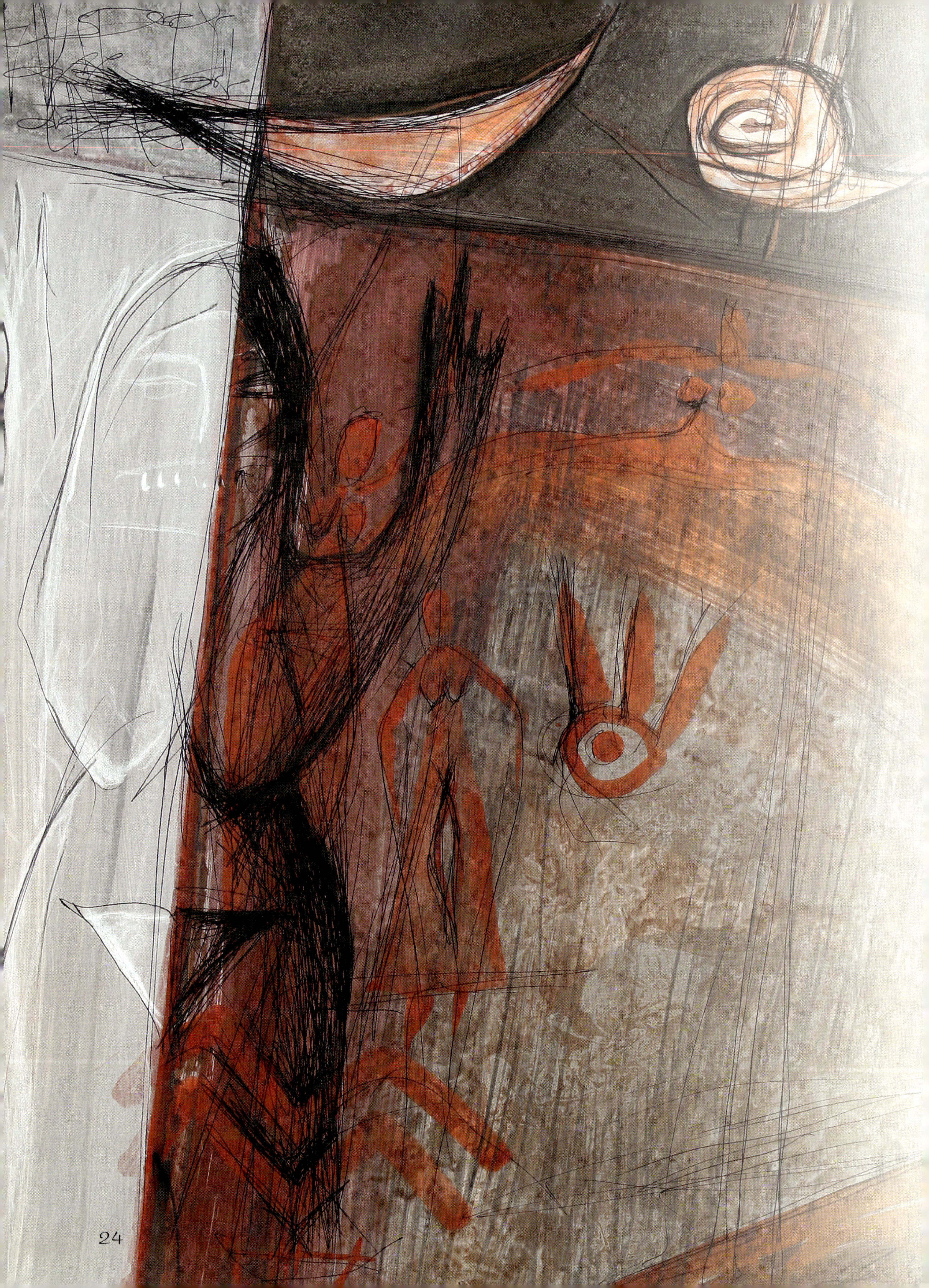

Im Osten tagt es, ein Silberstreif am Horizont, ein inneres Licht, das alles zum Pulsieren bringt. Als würde sie begleitet von Trommelrhythmen, die alles tanzen lassen, bricht es hervor aus den Feldern. Der Herzschlag der Erde wird lauter und er führt sie zu den Frauen, die ihr den Nordstab und das Messer überreichen, um ihren Weg einzuschnitzen.

Nordstab, der sich in meinen Händen dreht, mich jedes Ding von vielen Seiten betrachten lässt. Er erinnert mich daran, an allem wachsen zu können, aus Krisen einfach nur Situationen zu machen, alles zu integrieren beim Weiterwachsen. Weißes Haar und Sichelmesser, Maiskörner und Getreide zieren ihn, Sinnbilder für Sterben, das Neues nährt. In einer Schale voll Erde steht er, voll der Kraft der Unterweltskönigin. Und immer wenn mich die Angst vor dem Loslassen festhalten lässt an etwas, das gehen muss oder will, dann nehme ich den Nordstab, der mir hilft, etwas zu verabschieden. Er fühlt sich warm an, bindet mich an die Erdenergie. Die reich geschnitzten Ornamente lassen mich an das denken, was entstehen wird, wenn Altes geht. Über die Erhöhungen tasten, eine weiche Linie aufnehmen, die in Spiralen übergeht, mit der Handfläche über die Bilder streichen, mit den Händen die Dinge erspüren, führt mich dazu still zu werden und nach innen zu schauen. Ein Kristall begleitet meinen Nordstab. Er dient meiner Wahrnehmung, meinem Verstehen. Dort wo ich glaube, meine Grenzen im Geist nicht überwinden zu können, hilft er mir, mich klar und deutlich zu erkennen. Mein Nordstab bringt mir die Klarheit, um die Kraft des Neubeginns zu sehen.

Von Lichtschiffen, Schneespiralen und Sonnengöttinnen

Bei eisiger Kälte gehen wir, schwarz verhüllt Richtung Morgen. Ein Schneesturm peitscht übers Land, lässt unseren Weg Ewigkeiten dauern. Im Schutz von Bäumen werden wir auf das Licht warten. Im Osten ein großer Ast und zwei Holzscheite, Schattenspiele im Westen mit einem Schal und einem winzigen Licht tief im Schnee. Im Norden Äpfel und Zweige, im Süden ein rotes Licht, in die Erde versenkt, als leuchte sie von innen heraus. Wir stehen eng zusammen, unser Atem verbindet sich in der Mitte und ich denke an ein Bild der alten Taigafrauen, die lachend im Kreis standen zum Spiel mit ihrem Atem. Die Kälte verwandelte den Atem in Kristalle, die beim Zusammentreffen eine feine gläserne Musik erzeugten. Manchmal ging es ewig so dahin, sie nahmen sich an den Händen und, mit geschlossenen Augen ließen sie ihren gläsernen Atem zu zarter Musik werden.

Ein schwarzes Tuch hängt über meinem Kopf. Schemenhaft, wie aus einer anderen Welt sehe ich die Bäume, die Frauen durch den Stoff. Es ist warm. Ich fühle mich in einem eigenartigen Bereich zwischen Innen und Außen, zwischen Dunkel und Hell. All das formuliert sich aus mir heraus, was ich verabschieden, loswerden will. Lange spreche ich in die Dunkelheit, mein Atem kommt mir wieder entgegen, ich fühle meine eigene Wärme. Meine Augen und meine Intuition sind in die Schattenwelten gerichtet und helfen mir, im Dunkel zu sehen was fortziehen soll, wovon ich mich trennen will. Durch die schwarzen Schleier ziehen meine Worte weg, wie ein Atemhauch. Es ist ein tiefes, aber auch unnahbares Bild, wenn die Frauen von schwarzen Tüchern verhüllt sind, ihre Worte finden,

lange Pausen machen, uns ein Stück teilhaben lassen auf ihrem dunklen Weg, wenn sie ihre Seelen öffnen.
In der Morgendämmerung der Wintersonnwende werden die Lichtschiffe entzündet. Eines mit immergrünen Zweigen, ein goldenes mit einer Art Krone als Windschutz, Symbole mit Öl gemalt, die im Licht transparent wirken, ein Gedankenlichtschiff ... Alle tragen sie die Wünsche, das Neue, das geboren werden soll und ziehen auf dem großen Fluss in den weißen Morgen.

Zeichen im Schnee

Winterzaubertag. Ein einziges Glitzern. Gläserne Geräusche klirren leise in winterlicher Stille, Eiskristalle, feinste Gebilde, die im Sonnenlicht funkeln. Mich verlieren in Kleinigkeiten, in Schneeblumen und bizarren Eiskunstwerken auf vertrockneten Gräsern. Auf einem Sonnenstrahl läuft eine Spinne über die Schneedecke. Sie begegnen mir an eigenartigen Orten und zu seltsamen Zeiten. Auf einem weiten weißen Feld laufe ich zurück, werde Kind, erinnere mich an die Figuren im Schnee, die wir mit unseren Körpern abgedrückt haben und beginne voller Lust das alte Spiel. Mit meinen Armen drücke ich Flügel ab, spiele mit Handmustern und mache mich irgendwann auf meinen Weg. Ich spirale mich ein, hole weit aus, setze meine Zeichen in die Mitte und spirale mich wieder aus, werde weiter, öffne mich und betrachte meine Spuren im Schnee, ziehe sie noch einmal in Gedanken nach.

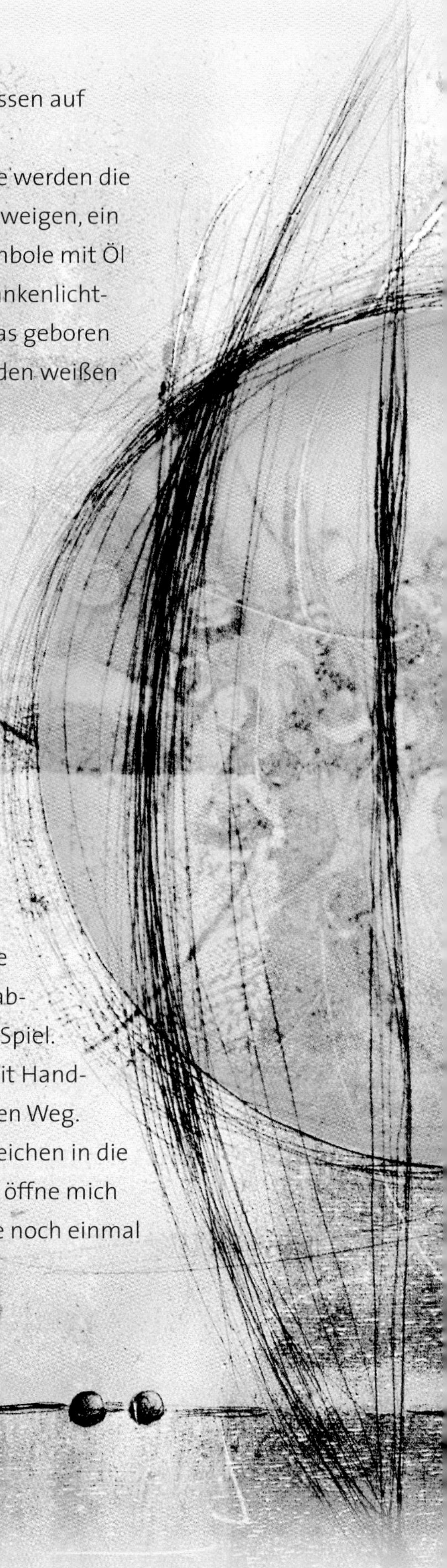

Sonnengöttinnen

Über glitzerndem Schnee liegt die Wärme der Sonne, gleißendes Licht und Alleinsein. Die letzte Spur von Weg verliert sich im tiefen Schnee. Die Sonne wirft lange Strahlen durch den leichten Nebel am Waldrand und lässt eine Stelle, die mich die ganze Zeit magisch angezogen hat, wie einen Strahlentempel erscheinen. Ich stelle mich ins Licht, höre dem Geräusch des tauenden Schnees zu und betrachte fasziniert das goldene Rieseln im Sonnenlicht. Kühl und zart fällt ein Hauch von Schnee in mein Gesicht, das ich lachend der Sonne zeige und ich beginne zu tanzen im herabfallenden Funkeln. Aus den Strahlen bildet sich so etwas wie eine Frauengestalt. Das Bild der Göttin aus goldenem Licht, mit Perlen bestickt, wunderschön. Sie schickt mir Lebenslust und Kraft und Helligkeit.

Nebelreise

Weiße Schwaden ziehen übers feuchte Land, Nebelfetzen wabern in der Luft. Die Augen blicken ins Nichts, nur sich leicht verändernde Grautöne locken die Gedanken ins Konkrete.
Es zieht die Blicke magnetisch an, sie wollen den Nebel durchdringen und, als würde er sich durch intensives Schauen lüften, starren sie wie gebannt ins undurchdringliche Weiß. Ist da nicht vielleicht doch etwas, reißt nicht der Nebel gleich auf und gibt den Blick frei auf etwas, das kurz dahinter liegt? Warten, Gespanntsein, Erahnen. Zeigte sich nicht gerade schemenhaft etwas? So muss der Ruf gewesen sein, weiter und tiefer ins Moor zu gehen. Ähnlich dem Schauen in völliger Dunkelheit wandern die Augen umher, weit offen, nichts sehend, in unendliche Ruhe gebettet. Gegenstandslosigkeit. Bezüge, die sich verlieren. Bewegungsandeutungen. Alles scheint sich der Wahrnehmung zu entziehen, Hände greifen ins Nichts. In der Erwartung, dass sich die Nebel lichten, wird das Weiß noch dichter. Die Zeit aushalten, die nicht mehr messbaren Entfernungen, das am Ende des Sichtbaren angekommen sein und am Anfang der Nebelreise. Und dann meldet sich die Intuition. Sie wird den Nebel durchwandern, ein inneres Auge wird Formen erfassen und Bilder finden, eine innere Stimme trägt, leitet. Ihre Nahrung ist Vertrauen und Hingabe. Ausgehungert frisst sie, giert, labt sich, saugt alles auf, was ihr dargebracht wird. Sie braucht Kraft, will wachsen. Dann geht sie, gestärkt, durch den Nebel, trittsicher, überlegt, seismographisch genau in der Einschätzung. Eine starke Führerin auf der Nebelreise.

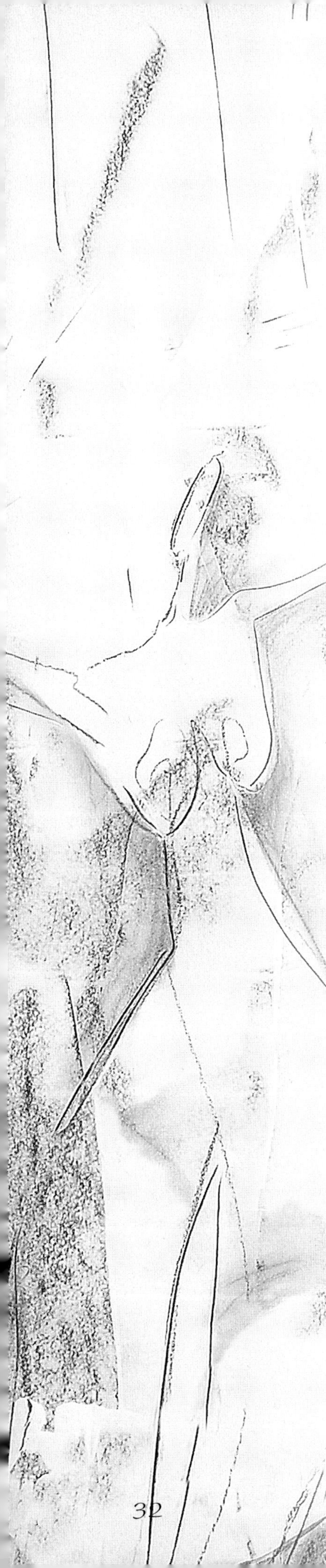

Vom freien Flug der wilden Seele

Nach einem langen Sommer sehen wir uns wieder. In unserer Mitte steht eine Schale mit Fundstücken von unseren Reisen. Blätter und Steine aus Amerika, Wurzelteile aus den Bergen Spaniens, Meersand und Treibgut aus Italien fügt sich zusammen. Alles erzählt Geschichten. Linges Sternennächte verbinden sich mit Meas Weite der Landschaft, über der meine Wasserlieder klingen. Zuhören, sich einlassen, da sein. Zum ersten Mal in diesem Herbst brennt der Ofen, eisige Winde fegen ums Haus. Die Zeit wird wieder lang, nicht messbar, wir begeben uns in Räume außerhalb der Zeit.
Ich liege auf warmen Decken in der Mitte und spüre die Nähe der Frauen, ihren Atem, die zarten Berührungen. Langsam tauchen weiße Bilder auf, ich genieße das Feuerknistern neben mir. Es fühlt sich an, als wären wir in einer Hütte im tiefen Winter Kanadas. Im Feuerschein sehe ich durch die geschlossenen Augen die Umrisse ihrer Hände, flatternde Schattenbilder wie von Vögeln. Eine seltsame Art von Wissen spüre ich in mir, davon, dass sie sich in Vögel verwandeln wenn sie rausgehen und beim Zurückkommen wieder die schönen wilden Frauen werden, mit dem Geruch des Windes in den Haaren und in ihrem Atem die Weite und Kühle des nordischen Winters. Ihre Berührungen fühlen sich an, als ob an den

Händen noch Federn, Flügelteile wären. Alles hat etwas Wildes, Rauchiges. Inmitten meiner schönen Vogelschwestern fühle ich mich geborgen, gehalten, voller Vertrauen. Das Feuer in der Hütte, unsere Verbindung, die uns nährt und wärmt, lässt mich tiefer sinken. Das Gefühl der Weite kommt, des Fluges, des Einswerdens mit dem Land, der Winterkälte.
Meas Schattenfedern schillern blauschwarz. Ihr Flug bringt Antworten mit und Zauber. Durch das Streichen ihrer kühlen Finger auf meinem Gesicht schickt sie mich in meine Tiefen, in unbekannte Teile des weißen Landes meiner Seele.
Linges Finger fühle ich wie Krallen, zärtlich und kraftvoll in meinem Haar, als würde vieles Wirre aus meinem Kopf gezogen, als nähme sie mich mit auf einen Flug hoch in die Lüfte. Furchtlos und frei breiten wir unsere Flügel aus, lassen uns tragen von den kalten Winden. Eine unendliche Weite liegt vor uns, mit glitzerndem Schnee und der Lust am Fliegen durch die klaren Lüfte. Vieles verliert an Bedeutung, anderes gewinnt und es könnte endlos weitergehen.
Die Berührungen werden langsam zarter, lassen mich zurückgleiten in meinen Körper, vibrieren leise nach. Das Holz ist fast abgebrannt, ich räkle mich, ziehe die Decken enger um mich, öffne die Augen und lache mit meinen freien Vogelschwestern.

*Von der Freiheit
singen die zahmen Vögel,
die wilden Vogelseelen fliegen*

Tanz der Finsternis

Ich muss nicht schön sein,
es gibt keine Form, die mich bindet.
Mein Tanz darf alles sein
Traumräume ertanzen,
Tänze verschenken,
sich die Welt ertanzen,
sich selbst tanzen,
die eigenen Schatten,
den Tanz der Finsternis entdecken
zum Tanz der Seele werden lassen.

In gebückter Haltung langsamst rückwärts gehen. Die Füße in ständiger Erdberührung, die Arme nach unten hängend. Es ist der „walk of Hiroshima“. Die Schatten fallen ab wie Haut, die sich in Fetzen löst. Das eigene Hiroshima kann gehen.
Der Rücken öffnet sich. Wie ein großes strahlendes Auge sieht er ins Morgen. Der Rücken beginnt zu sehen, weit wird er, während das Dunkle weiter abfließt. Lange so gehen, über Wiesen, Wege. Weitergehen, sich führen lassen von dem Auge hinten, auch durch den Schmerz gehen und immer einen kleinen Schritt an den anderen setzen.
Das ganz langsame Gehen zeichnet Seelenbilder auf die Gesichter.

Hinter mir stehen all meine Ahninnen, meine Vergangenheit. Ich stehe an erster Stelle, den Blick nach vorne. Wie die Formation der Vögel im Flug nach Süden sehe ich mich mit meinen Ahninnen den Raum durchschreiten. Der Blick durchdringt die Materie, hält nicht daran fest. Die Umgebung verschwimmt, ich sehe mich ins Morgen gehen. Über Felder gehe ich, langsam, unaufhaltsam in meine Zukunft. Jeder Schritt tätowiert sein Zeichen eindrücklich auf den Weg. Ich spüre seine Tragweite, das Gestalten meines Morgens bei jeder Berührung des Bodens. Auch meine Vergangenheit ist da, einstmals geformt durch tausend kleine Schritte. Ich bin es, die die Schritte geht, jetzt, hier.
Slow walk - Geheimnis und Kraft der Langsamkeit, magisches Gehen, Tanz, ganz kleine Schritte außen, Riesenschritte innen. Auf Spaziergängen mache ich immer mal wieder einen slow walk. Ich gehe eine weite Strecke, suche mir einen Baum oder Hügel aus, bei dem ich ankommen werde, etwas, das ich den ganzen Weg über sehe. Dann gehe ich los. Vor mir sind meine Visionen, meine Ideen und Wünsche, etwas, das ich nähren will. Eine Schale Wasser in meinen Händen visualisierend, setze ich Schritt an Schritt. Je länger ich die Schale trage, desto kostbarer wird ihr Inhalt. Die Konzentration nimmt zu, die Bilder werden klarer. Wie mit Lichtfäden verbindet sich alles. Steine auf dem Weg, Unebenheiten, Wurzeln zwingen mich zur Aufmerksamkeit. Ungeduld anschauen, Müdigkeit, Zweifel und Weitergehen, mit Bedacht und sehr präsent. Die Fäden verdichten sich, aber ich weiß, wie schnell sie reißen können. Bei meinem Visionsbaum angekommen, nach langer Zeit, gebe ich meiner Vision das Wasser zu trinken. Ein andermal trage ich meine Schatten auf dem Rücken zu einem weit entfernten Hügel, um sie dort zu begraben. Lang ist der Weg und schwer meine Last. Zunehmend deutlicher wird die Bürde, mein Verhältnis zu ihr. Tief gebeugt, schleifen die Füße über den Boden, die Beine werden schwerer unter dem Gewicht der Last. Ich will sie spüren, sehen und am Ende werde ich sie loslassen. Irgendwann komme ich an, lege meine Schatten behutsam auf dem Boden nieder, betrachte sie noch einmal und begrabe sie. Ohne mich umzusehen, gehe ich weiter, leichten Schrittes, federnd.

Alte Freundin

An Jahren alte Freundin, du zeigst mir, wie eine aus Kellerlöchern heraussteigt und stolz auf sich ist, wie alles Teil des Lebens ist und nichts verleugnet wird. Du gehst durch die Straßen, schrill und mit ungebrochener Lebensfreude und lässt dich von niemandem beleidigen. Du machst mir Lust aufs Altwerden, denn du machst mir vor, wie frei und entspannt eine, auch mit wenigen Mitteln, ihr Leben leben kann. Vieles nimmst du nicht mehr so wichtig und deine Gebrechlichkeiten und Probleme gehören für dich dazu. Jeden Morgen küsst du dich auf die Schultern und atmest den Tag ein. Mutig bist du und sehr politisch, überzeugt von der Wirkkraft deiner Handlungen. In deiner Macht stehend, kämpfst du ungebrochen, nicht mürbe werdend, deinen Überzeugungen treu bleibend. Nichts bereust du, außer der Zeit, in der du nicht mit Haut und Haaren da warst. Alte Freundin, die du mir die Kostbarkeit des Lebens vergegenwärtigst. Bedingungslos liebst du dich, immer neu erfreust du dich an deiner Einzigartigkeit, hast Platz für so viel Verschiedenes. Deine Regellosigkeit, dein „aus allem etwas machen“, „alles als Chance sehen“, macht so viel möglich, macht dich so großzügig. Du sagst, ich soll mir mal einen Brief schreiben, als Achtzigjährige und schauen, was ich mir dann zu sagen habe.

„Einen schönen Tag, meine Liebe.
Alt bin ich nun, leidlich gesund, eine Hutzelfrau. Ich lebe in einem kleinen Häuschen im Grünen, so wie ich es immer wollte. Lustig sehe ich aus und ein bisschen kurios ist alles, da mir vieles nicht wichtig ist. Ich lache viel, über mich und die Welt. Irgendwann habe ich aufgehört, faule Kompromisse zu machen. Dann sind da die Freundinnen, alte, junge, mit denen ich mein Leben teile. Die Kunst ist mehr und mehr zur Lebenskunst geworden, alles hat sich zunehmend miteinander verwoben und jetzt zelebriere ich mein kostbares, einzigartiges, wunderbares Leben. Meine Sache habe ich immer dann gut gemacht, wenn ich dem nachgegangen bin, was mich ausmacht, wenn ich meine Träume gelebt habe und mich dabei nicht habe durcheinander bringen lassen, nicht von Unwesentlichem verwirren lassen.
Aus meiner Sicht könnte ich dir sagen, nimm vieles nicht so ernst, vertraue darauf, dass du getragen wirst. Tanze, wann und wo du willst, erlaube dir alles und alles wird dir erlaubt ..."

Wenn ich den Brief lese, dir zuschaue, bin ich heiter und sehr entspannt bei dem Gedanken, alt zu sein.

Zeit des Räucherns

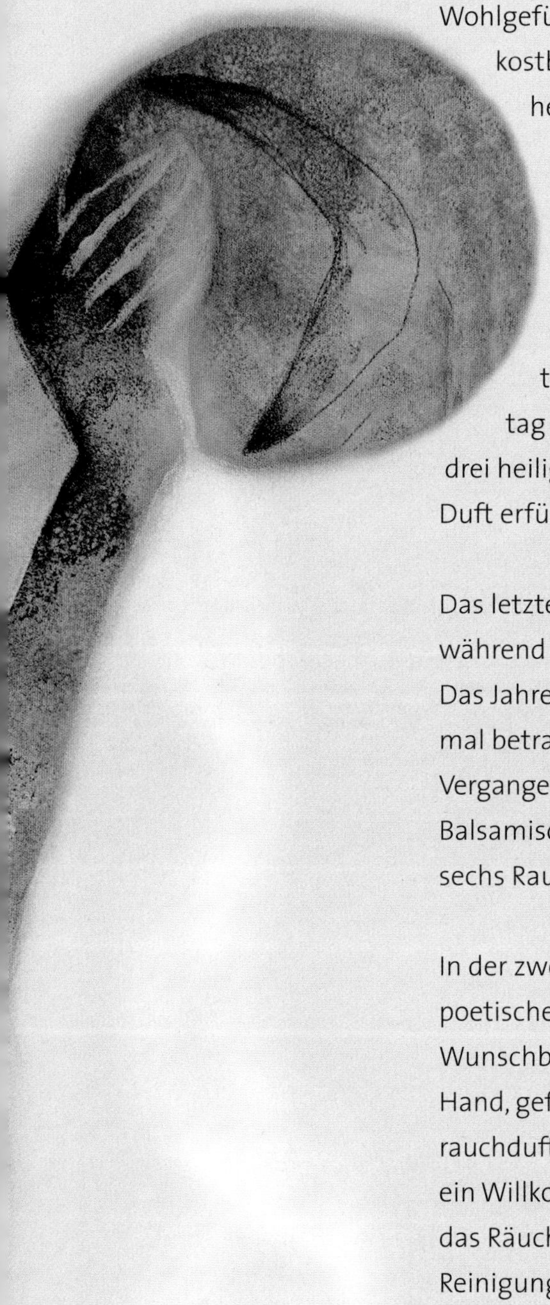

Düfte, die mich versöhnen, die schnell auf eine tiefe Ebene dringen, reinigen, ganz tief atmen lassen und seufzen, voller Wohlgefühl. Einst mit Gold aufgewogen, sind es auch meine kostbaren Begleiterinnen, Botschaften überbringende, heilende, reinigende, vitalisierende Kräfte der Natur.

Die geheimnisvollste Zeit des Jahres, die Rauhnächte. Es ist die Zeit dazwischen, die Zeit, die keine Termine mag, die zwölf mystischen Nächte, die bedeutungsvolle Träume bringen. Es ist die Zeit des Hineingleitens, der langen Winterspaziergänge, bis am Perchtentag bei uns meist drei Mädchen mit Weihrauch kommen, drei heilige Königinnen, und die Innenräume mit dem lichten Duft erfüllen. Räucherwerk begleitet diese besondere Zeit.

Das letzte Jahr darf noch einmal vorüberziehen in Gedanken, während Kräuterdüfte alles bereinigen, was noch offen ist. Das Jahresbild wird vom Wunschbaum genommen, noch einmal betrachtet und mit weißem Salbei dem Feuer übergeben, Vergangenes wird abgeschlossen und zieht mit dem Rauch weg. Balsamische Auflösung, würzige Verflüchtigung, Rauchtanz sechs Rauhnächte lang.

In der zweiten Hälfte der Zwölfer findet das Kommende seine poetische Form, Reim fügt sich an Reim, ein Bild dazu und der Wunschbaum wird damit bestückt. Der Muschelschale in der Hand, gefüllt mit Sand vom Meer, entströmt Salbei- und Weihrauchduft. Mit der Habichtsfeder fächle ich Rauch in den Raum, ein Willkommen für das Neue. Es beginnt eine Form zu finden, das Räucherwerk bringt Bilder von dem, was ansteht. Reinigung, Weiten der Räume, so dass alles Neue Platz hat und auf eine schöne Art beginnen kann.

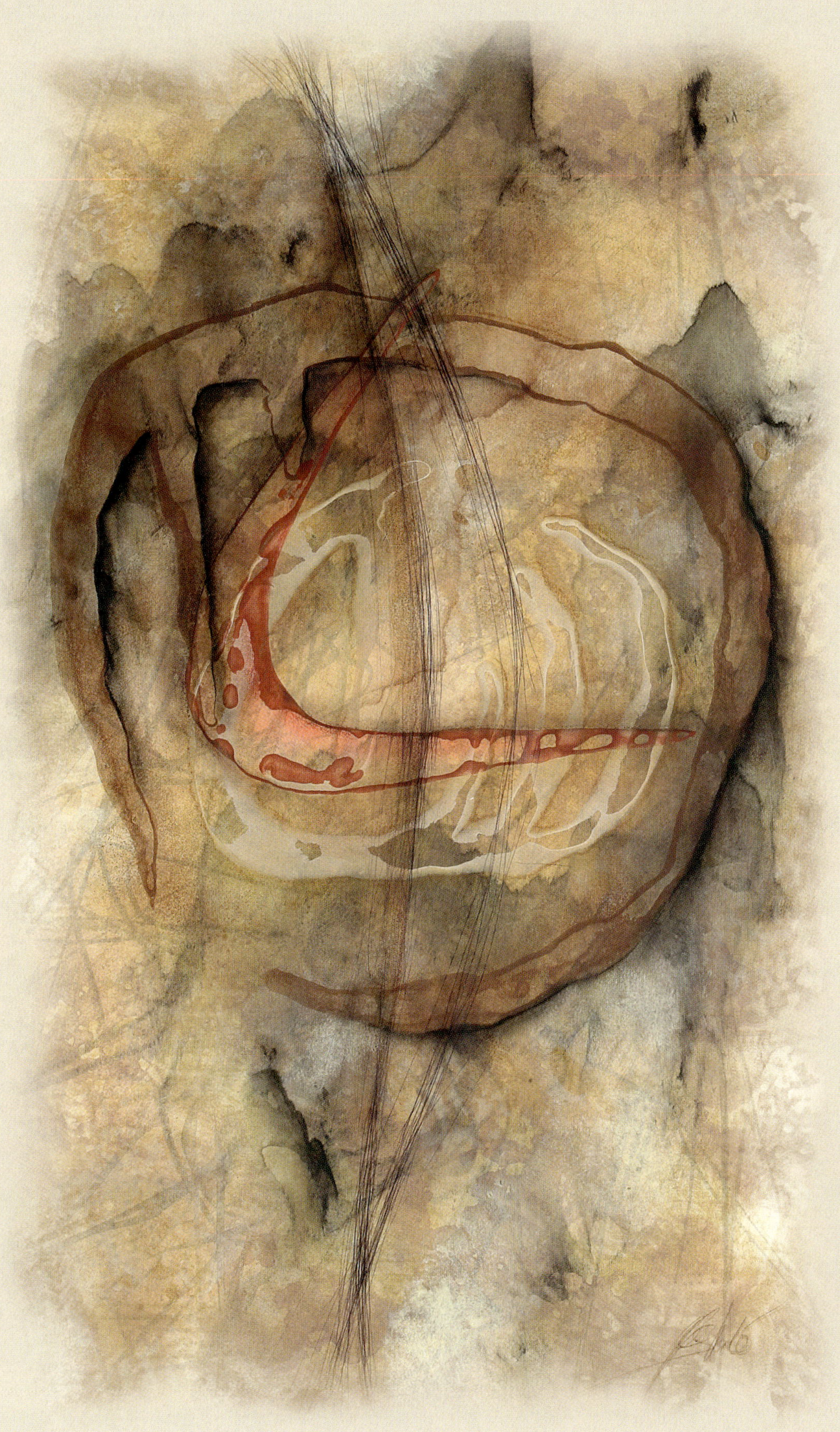

Der Oststab

Aus Espenholz geformt, zart und leicht ist mein Oststab. Ich ritze abstrahierte Vögel ins Holz, da ich das Gefühl habe, er würde wegfliegen wollen. Schafgarbenstengel binde ich daran und wenn der Wind sie aneinanderstößt, klimpern sie leise. Federn verdeutlichen die luftige Energie meines Stabes. Leuchtend weiß und gelb getüpfelt ist der Teil, an dem die Federn hängen. Es ist die Inspiration, die Kraft des Atems, die ich mir holen kann. In der Weisheit und dem Wissen des Ostens finde ich zu meinem Zauberatem. Langsam und tief atme ich ein und lasse die Luft nach innen wieder ausströmen. Ich fülle mich mit meinem Atem. So werde ich unsichtbar oder kann den Raum um mich, die Energien verändern. Von dieser Ostenergie erzählt eine Geschichte, die mir mein Stab zufliegen lässt.

In der Morgendämmerung eines Frühlingstages geht Myrthe Richtung aufgehende Sonne. Die Windin begleitet sie, fängt sich in ihrem Haar, treibt sie, trägt sie fort und wird ihre wilde Gespielin. Von der Windin lässt sie sich weitertragen, bis sie das Meer sieht. Sie lässt sich am Strand nieder und saugt den Geruch von Tang, Wasser, Salz auf. Eine starke Meeresbrise weht sie an. Myrthe beginnt, Zeichen in den nassen Sand zu setzen, ein Symbolgedicht für die Falkin, der sie einmal begegnen will. Am windigen Strand entlang ritzt sie ihre Linien, formt ihre Vorstellungen und Ideen in den Sand. Wenn eine Welle sich ins Meer zurückzieht, zeichnet Myrthe abstrakte Formen für ihre Zweifel, Ängste und Probleme und wartet, dass die nächste Welle sie auflöst, mitnimmt. So befriedet sich ihr Geist zunehmend, reinigt sich, wird klarer und bewusster. Während sie ihre Anschauungen und Konzepte bildhaft darstellt, wird sie scharfsinnige Beobachterin ihres Geistes. Immer wieder tritt sie einen Schritt zurück, umkreist ihre Bilder, betrachtet sie aus einem neuen Blickwinkel. Und auf diese Art verändern sich die Bilder, wird der Kopf beweglicher. Spielerisch finden ihre Gedanken eine Umsetzung.

Myrthe setzt mit ihren Zeichen vieles in neue Zusammenhänge setzt den männlichen Weltbildern weibliche entgegen. Ihren Visionen gibt sie Wortzeichen, bis alles überzogen ist von ihren Gedankenfäden. Auf ihrem weiteren Weg durch Städte, in der Begegnung mit Menschen, passiert es ganz automatisch, dass sie alles mit ihren Zeichen überzieht. Inspiriert von dem, was sie umgibt, setzt sie ihre Erkenntnisse, ihre Ideen um in Linien, Flächen, Farbigkeiten. Streuungen und Konzentrationen von Wellenlinien gehen von Wänden zum Boden, rote Leitfäden führen über Tische, durchs Fenster, Straßen entlang. Eine Vielzahl von Symbolen malt Myrthe auf die Gesichter derer, die ihren Weg kreuzen. Während sie analysiert, wer vor ihr steht, ihre Kräfte zentriert und in ihrem großen Wissensschatz nach Gleichnissen sucht, entstehen Muster und Zeichen, gleich einer fremdartigen Schrift. Irgendwann will ihr Geist weiter, die Neugier, das Bedürfnis nach Ausdruck werden stark. Deshalb ruft sie die Windin, die freudvoll kommt. Myrthe lässt sich in die Böen fallen bis ihr schier der Atem wegbleibt. Auf einem windgepeitschten Hügel hebt sie die Arme, beginnt im Rhythmus eines Flügelschlages ihre Arme zu bewegen. Sie spürt wie die Windin sie hochnimmt, trägt. Sie fliegt mit ihr. Ihr kräftiger Flügelschlag schraubt sie nach oben,

sie jauchzt und tanzt mit der Ostwindin. Stürmisch wirbeln sie in der Luft, heben sich höher und lassen sich fallen. Als sie irgendwann im Gleichklang atmen, taucht am Himmel die mythische Falkin auf. In dem Moment, als sie ihre Flügel vollkommen ausbreitet, geht die Sonne ganz auf. Leuchtendes Gelb überzieht den Horizont, die Falkin bringt das Licht und strahlt in warmem Morgenglanz. Sie nimmt Myrthe mit und gleitet mit ihr durch den Frühling.
Die Windin trägt sie durch die Lüfte. In der Ferne wird ein Bergmassiv sichtbar. Die Falkin nimmt Kontakt auf zu Myrthe und signalisiert ihr, dass sie durch die Berge fliegen werden.
Lass alles los, lass deine Anhaftungen fallen, werde ganz dein Geist, den keine Mauern aufhalten können. Ungläubig blickt Myrthe zu dem Vogel. Sie versteht nicht, wovon die Falkin spricht, obwohl auf einer tieferen Ebene etwas in ihr weiß, dass es stimmt. Das Bergmassiv rückt näher und die beiden fliegen in ungebrochener Geschwindigkeit darauf zu. Sie würden zerschmettern, wenn sie nicht bald abdrehten, pocht es in Myrthes Geist. Doch ihre Begleiterin fliegt weiter, direkt auf die Felsen zu. Panische Angst macht sich bereits breit, als die Windin lacht und Myrthe zu verstehen gibt, dass die mythische Falkin keine Grenzen kennt.

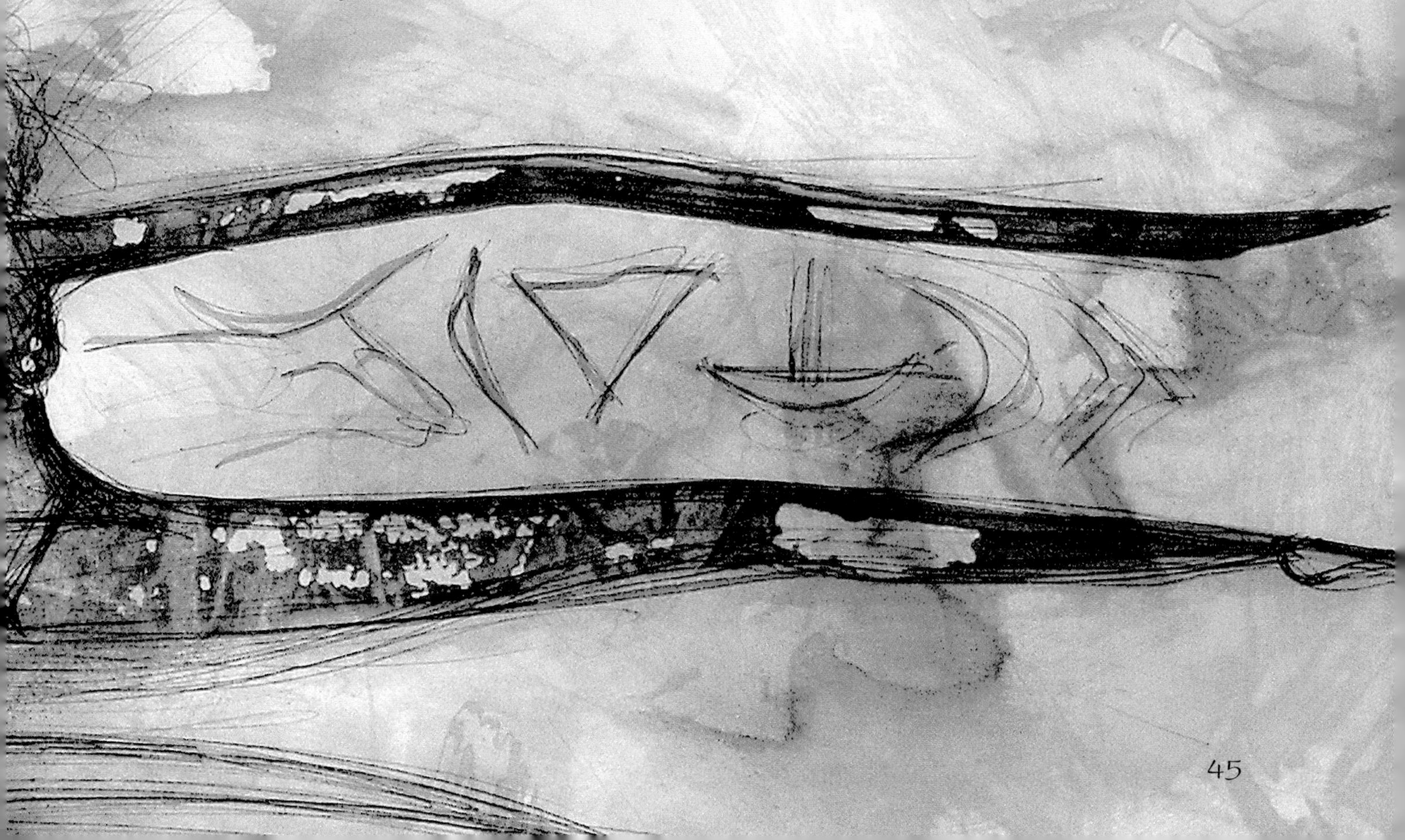

Sich an die Worte erinnernd, visualisiert sie, dass sich ihr Körper auflöst, dass sie nur mehr Atem ist, ihr Geist frei und unabhängig fliegt und in dem Moment durchbrechen sie schon die Felsen, lassen das Gebirge hinter sich und gleiten ruhig weiter. Nach kurzem verschwindet die Falkin ins Nichts, was bleibt ist das Bild ihres freien Geistes, der keine Begrenzung kennt.
Sie sieht wie ihre Ängste und Sorgen im Kopf entstehen, wie grenzenlos die Kraft ihrer Gedanken sein kann, wie sie mit ihrem Geist Wirklichkeiten schafft.

Mein Lied

Auf dem Atem liegt das Lied.
Jenes Lied, das aus dem Schoß geboren wurde
und sich im Rücken hochschlängelt.
Türkisblauer Zauber wirft Wellen an den Strand,
korallenrote Töne tragen Wortfetzen in den Nachthimmel.
Ursilben breiten sich aus im Wind,
bleiben in den Bäumen hängen wie Gebetsfahnen.
Der Wind atmet mit dem Auf und Ab des Liedes.
Klanggefüllte Meeresluft lässt Grünerde regnen.
Das Lied schwingt sich, alabasterhell,
durch die Kehle hinaus, hinauf.
Ältester Gesang, Ursprache, Muttertton,
weitergegeben, weitergesungen.

Mein Lied finden. Der erste Ton entsteht in einem Tonstein. Durch eine runde Öffnung stecke ich den Kopf in den dunklen Innenraum und gebe einen Laut von mir. Ich höre meinen Ton, er ist tief, samten, bernsteinfarben. Mein Urton, auf dem das Lied aufbaut, steigt aus dem Dunkel auf. Meinen Gedanken und Gefühlen versuche ich einen Klang zu geben. Das Lied weitet sich aus. Fragmente aus Träumen, Lieder der Jahresfeste, Großstadttöne, alte Kinder-und Küchenlieder … Hauchige Nebeltöne verlieren sich in der Kälte, bis hin zum kaum hörbaren Murmeln. Den Gefühlen der Trauer gebe ich eine Stimme, meine Liebe lockt einen vollen, warmen Gesang hervor. Flüsterstimmen säuseln lindgrüne Sequenzen in die Alltagswirren. Klangblüten öffnen sich. Tiefe Lautspiele lassen mich staunen über meinen großen Innenraum. Temperamentvoll johle ich in den Tag, jubiliere, ächze, stöhne, krächze, singe mein Lied. Ich setze meine Töne in Beziehung zu den anderen, den rotgefleckten Schreien aus Krähenschnäbeln, dem grauen Klageton, dem goldenen Lachen, das sich mit pastellenem Liebesgeflüster vermischt. Blitzartig sprudeln Wörter heraus, fallen ins nasse Gras. Wenn ich mir die Stelle merke, sehe ich sie vielleicht wachsen. Wörter fliegen mich an, nachts, wenn ich alleine nach Hause gehe. Ich sammle all die Wörter, Worte, Töne, verknüpfe sie. Manches dringt tiefer ein, warme Töne umwehen mich wie Sommerwind. Morgens stille ich meinen Hunger mit dem Zwitschern der Vögel, später wird mich das Raunen des Windes sättigen. In der Stadt flirren die Geräusche umher, Fetzen, Bruchstücke, laut, schrill. Aber je mehr mein Lied wächst, desto öfter kippen die unangenehmen Geräuschkulissen um. Wabernde Gespräche in überfüllten Zügen wandeln sich in monotonen Gesang von Mantras. Ansagen, Motoren, alles vermischt sich zu einem eigenartig spannenden Klangteppich. Wenn ich auf einem großen hektischen Platz die Augen schließe, bin ich plötzlich mitten in einem Experiment aus ohrenöffnenden Tönen oder auf einem Basar in Afrika. Es können auch die vielen Stimmen um einen Tempel sein, in dem ein

großes Fest vorbereitet wird. Meine Worte mischen sich dazu, ich bin Teil des Klanges. An dem Fluss durch die Stadt, wenn der Motorenlärm verhallt, sprudelt eine weitere Liedsequenz aus mir. Sie verbindet sich mit dem grau-grünen Flussgesang und zieht Richtung Ozean, hin zu tosendem Wellenschlag an Felsen. Das Kreischen der Möwen flicht sich ein in mein Lied. Es wächst, scheint zu explodieren, eine Symphonie des pulsierenden Lebens. Und genau in dem Moment katapultiert es mich wieder in die Stille. Kein Laut um mich, nur meine eigene Stimme, das Knistern meiner Bewegungen. Ich fülle den Raum mit Ton und beginne einfach mein Lied zu singen.

Vom Fragen und Wünschen

Nach einem Schnürlregentag freuen wir uns über die kurze Regenpause. Auf der Waldlichtung verzaubern uns rote Wolken mit Krokodilen, Bergen, seltsamen Wesen. Auf der Wiese finden wir eine kleine Steinmitte, um die wir fliegen, im Zentrum unsere Zettel mit Fragen und einem Wunsch. Wie früher nehmen wir uns an den Händen, schließen die Augen und drehen uns so schnell und lange, bis wir die Orientierung verloren haben und uns ganz schwindlig ist. Lachend fallen wir ins nasse Gras. Ich liege im Osten - Neuanfang. Da sehe ich einen Stein neben mir und weiß sofort, dass es mein Antwortstein ist. Ich kratze rum, drücke, schiebe und bekomme ihn trotz der weichen Erde nicht heraus. Ul gibt mir einen Hilfsstein, Linge legt mir lange Gräser auf den Kopf, goldene Haare, meint sie, die mich stark machen. Ich löse den Stein. Er ist groß und hat eine haarfeine Quarzader, die den ganzen Stein in zwei Hälften teilt. Die Haaresbreite. Darauf sehe ich mich tanzen, ein Balanceakt zwischen der einen und der anderen Seite. Linge ist tief versunken und formt einen Erdball, während am Horizont weiter Krokodile wandern. Alles wirkt so skurril, ich bekomme einen Lachanfall, pruste los, keine lässt sich stören und zu guter Letzt hänge ich meine Frage in den Wind und meinen Wunsch in einen Baumwipfel.

Meine Fragen, meine Wünsche, manifestiert in Zeichen. Kleine Bilder, Symbolzettel, Reime, Wörter, Worte - Zeichen, die ich setze. Und immer die Überlegung, welchem Element ich sie gebe, auf welche Art und Weise sie weitergetragen werden sollen, wie gewandelt. Ich habe einen Wunschbaum, einen Heugarbenbaum, behängt mit Federn, Pflanzen, Steinen, Fäden, Wunschzetteln, einem bunten Allerlei. Auf dem Boden in der Mitte ist der Platz für Gaben, Speisen, Räucherwerk. Meine Wünsche hängen so lange, bis ein Jahr vorüber ist oder ich die Zeit für gekommen sehe, sie weiterzugeben. Manche Idee, mancher Wunsch will in die Erde eingegraben sein, sich

langsam wandeln, keimen, reifen und Ernte bringen. Anderes überantworte ich dem Feuer, der schnellen Kraft der Transformation. Dabei versenke ich mich in die Bilder und Geräusche der Flammen und lese in der Asche. Wieder andere Wünsche werden in den Bäumen hängen, damit der Wind sie wegträgt. Loslassen, Flüchtigkeit, Weite, ein Lufthauch nur, dann wieder Stürme, die meine Botschaften mit sich nehmen. Wasser löst die Gestalt gewordenen Fragen und Wünsche auf, reinigt, bringt sie in Fluss, verströmt sie. Immer begleite ich sie mit Tönen, leisen Mantras, Summen, klappernden Steinen, je nachdem wie sie gehen wollen.

Verkehrtherum

Einmal, zufällig, auf dem Rücken liegend, Mea über mir, den Kopf verkehrtherum, fing alles an zu kippen.
Gesichtsverzerrungen, eine Stirn, die Unterkiefer wird, Lidaufschlag, der nach unten geht. Eine bärtige Gnomin sitzt über mir. Es fasziniert und erschreckt mich gleichzeitig. Da kippe ich für sie auch um und wir lachen Tränen über uns, halten uns aus in unserer Hässlichkeit und Fremdartigkeit. Lachen und Kreischen überbrückt den Schreck. Jede weiß, wie entsetzlich anders sie aussieht durch das Spiegelbild im Gegenüber. Urkomisch ist alles und sehr befremdlich. Ein anderes Wesen beugt sich über mich. Sie erinnert mich an Kröten und Steine, an schrullige Waldwesen, etwas finster, greisinnenhaft.
Mittlerweile kennen wir unsere Gnomengesichter, finden sie schnell, mögen sie irgendwie. Die Bilder voneinander haben sich erweitert.

Alles auf den Kopf stellen, umdrehen, ver-rücken, das ein Zurecht-rücken bewirkt. Wenn die Gedanken nicht kreisen oder nicht fließen wollen und die Sichtweise immer festgefahrener wird, hilft ein Kopfstand oder durch die Beine nach hinten schauen oder auf dem Boden herumkugeln, um neue Ansichten, neue Perspektiven zu gewinnen. Die Dinge andersherum begutachten. Konzepte auf den Kopf stellen, Unterstes nach oben kehren. Etwas von hinten her angehen, rückwärts gehen, Bekanntes neu benennen. Verrückt sein, irre sein. Sich so lange drehen, bis die Orientierung verloren ist, beim sich Verirren den richtigen Weg finden.

Während mein Teetopf auf die Morgennachrichten pfeift, die ich rückwärts lese, bestäubt die Geisterfrau das Schwalbennest mit Mehl. In der Morgenherrlichkeit tröpfelt der Sommer von der Decke, so dass ich ihn mit meiner Teetasse auffangen kann. Sommerveränderte Teefarbe rückt den Tag ins rechte Licht. Drei Schritte rückwärts bringen den letzten Traum zurück und ein Blick durch die Beine lässt Seerosen von der Decke wachsen. Das kleine Lila im Eck ist neu, sagt die Katze, die ansonsten auch nur verrücktes Zeug erzählt. Wenn alles durcheinander geraten ist, falte ich mir aus der Zeitung einen Närrinnenhut, auf dem geschrieben steht, wohin es geht. Beim Weg in den Kopfstand fällt mir der Hut herunter und schwimmt als Boot, beladen mit meinen starren Gedanken, den Abfluss hinunter.

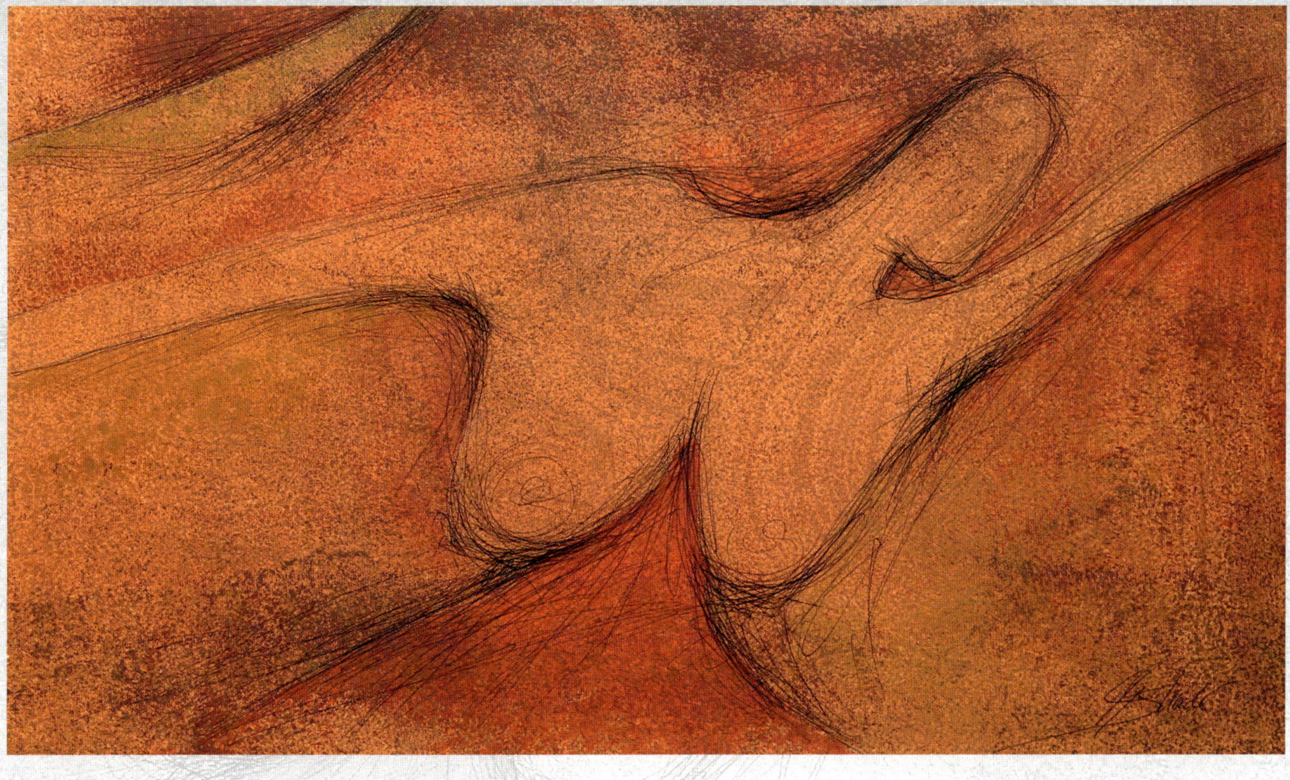

Mondtochter

Da bin ich, die anderen, die Natur, das Universum ... Verbindungsfäden verweben alles miteinander, Lebensfäden pulsieren rhythmisch. Mich anschließen an Kraftquellen, an den großen Fluss der Kreativität, um im Gleichgewicht zu sein, innen und außen. Meine Träume sind es, die die Bilder schicken, die Mythen, das alte Wissen. Und sie wollen ihren Ausdruck finden, die Maske will geschaffen werden. Die Trommel zeigt mir ihr Gesicht. Es springt mich fast an, übergroß, überdeutlich. Ich spüre die Farben, rieche das Material, höre in die Oberfläche hinein. Ein einfacher, klarer Trommelrhythmus begleitet meine Bilder. Die Maske gewinnt Form und ich werde sie schaffen, aus hellem feinkörnigem Ton. Wie eine Scheibe knete ich den Ton zurecht, wölbe ihn leicht, die Formen arbeiten sich heraus. Eindrücken, Erheben, Aushöhlen. Eine weiße Gesichtslandschaft liegt da, geheimnisvoll, fremd, verletzlich. Silbergraue Haare aus Wolle, Wildseide und Bast hängen lang herunter. Die Augen sind schmal, die Mundöffnung klein, als würde sie nur einen feinen Luftstrahl ausatmen. Es scheint, als zeigte sie einen Hauch von Lächeln. Texturen drücke ich in dem feuchten Ton ab, füge Gewebeteile dazu und male in hellen Grautönen auf die Oberfläche. Mit Kaolin, der weißen Farbe, die das Jenseits sichtbar macht, Holzkohle und rotem Ocker für das Leben, entstehen hingehuschte Striche, ein Farbhauch, als würde er sich gleich wieder verflüchtigen. Zart und verletzlich wirkt die Maske, alt, asiatisch. An eine kühle Nacht und helles Mondlicht erinnert sie

mich, an Spinnweben und Porzellan, an halb durchsichtiges Milchglas und Obertongesang. Sie ist geboren. In dieser Nacht liegt sie im Freien, damit sie die Kraft der Mondin aufsaugen kann, an die sie mich denken lässt. Die Maske wird zunehmend stärker. Ich lege sie auf ein Kissen, spreche sie an, trommle für sie und hauche ihr Atem ein. Vor mir sehe ich wieder die erste Vision, die ich von ihr hatte. Einen alten Mythos bringt sie mit, zu dem ich eine Verbindung aufnehme, der mir den Namen der Maske offenbart, so dass ich sie benennen kann. Schließlich setze ich sie auf, neue Aus-Blicke durch schmale Augenschlitze, und lasse mich ein auf die Reise an die Grenze zwischen innen und außen. Ich gebe ihr eine Stimme, eine Bewegung, lasse mich von ihr leiten, hinein in die Verwandlung. Tanzen lasse ich mich und dabei gebe ich ihr die Kraft meiner Schritte. Inneres kehrt sich nach außen, ich sehe mich aus großer Ferne vorsichtig mit dunklen Augen in die Nacht blicken, mein Gesicht in Händen haltend, sanft drehend, wobei ich meinem eigenen Mythos begegne, mit ihm um-gehe. Kein Ich ist mehr da für eine unnennbare Zeitspanne.
Die Maske wird mehr und mehr zu einer Kraftbrücke, zu einem Reisegefährt. Sie gibt mir die Lebenskraft der Mondin, weht den Geist einer Urahnin heran und verbindet mich mit allem, was auf der Welt lebt. Manchmal fühle ich mich gerufen, als Mondtochter, dann setze ich meine Maske auf und tanze, in Spinnwebkleider gehüllt, den silbernen Tanz der Hirschkuh.

Vom Säen und Ernten

Im Schein der Kerzen, geweiht für stürmische Zeiten, richtet sich das Augenmerk auf die Zukunft. Bilder und Visionen tauchen auf, deren Same später gelegt wird. Was will ich nähren, wo geht mein Weg hin. Während die letzten Schneestürme übers Land ziehen, sich mit warmen Frühlingsbotinnen abwechselnd, begegnen wir uns zu Ostara, um das beginnende Leben zu feiern. Jung sehen sie aus die Frauen, wach und lebendig. Jede hat Samen und Erde mitgebracht, um Verschiedenstes zu säen. Es sind Samen des Neubeginns. Die Jungfrau im Grünen wird gepflanzt, Sonnenblumen, Zigeunerblumen, die die bunte Vielfalt bringen sollen. Elfenspiegel und Zaubernuss werden gesät, damit die eigenen Blüten bis in den Winter hineingehen und Kälte und Schnee überdauern. Wildblumensamen tragen den Wunsch mit sich, die eigene Wildnatur blühen zu lassen. Die Bienenfreundin wandert summend in die Erde. Saatkörner des Lebens liegen im Kreis. Grüne Tücher und gelbe Bänder flattern im kalten Frühlingswind.

Die Samen werden auch in uns wachsen und wenn wir den Sonnwendgürtel tragen und die Kräuterbüsche durchs Feuer ziehen, ist vieles gereift. Umgeben von Blütenfülle und Farbenpracht genießen wir die Früchte des Sommers, geschmückt mit einem Blütenkranz.

Wir erfreuen uns an dem, was wir gesät haben und begrüßen den Beginn der Erntezeit. Die Roggenmuhme wird auf die Felder gebracht, geflochten aus Getreide, Kornfrauengebinde, Dank für die reiche Ernte. An Ostara gesät, erblüht, gereift und voller Früchte, ernten wir freudig. Der Weg in die dunkle Zeit beginnt. Wir werden einen guten Winter haben, wenn wir unseren Sommer voll und großzügig gelebt haben. Und so geben wir goldene Gaben, geben von unserem Reichtum, lassen etwas von der Fülle, von unserer Ernte, zurückfließen. Sie wird Wegzehrung sein, uns nähren in der dunklen Zeit.

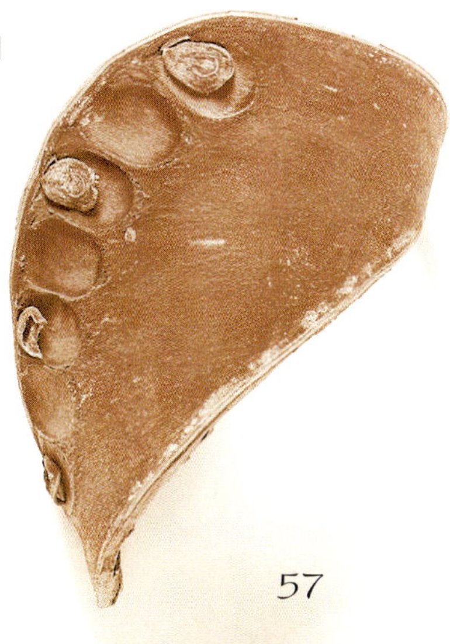

Mein Land

Es gibt Zeiten, da stehe ich auf meinem Feld und muss es in mühsamer Arbeit bestellen. Kalter Wind und Regen erschweren mein Tun. Manchmal sind die Zeiten stürmisch und ich weiß nicht, ob sie schadlos an mir vorübergehen. Es scheint so groß mein Feld, so nackt und öde. Schritt für Schritt bearbeite ich mein Land. Die Ungeduld zerrt an mir, die Zweifel stellen sich mir in den Weg. Tausend Fragen, ob mein Schaffen Früchte tragen wird, ob überhaupt etwas aufgeht. Oft genug lässt mich die Verzagtheit müde werden. Wenn ich dann dasitze, auf die Erde starre und meine, sie müsste doch jeden Moment meine Anstrengungen erfolgreich sein lassen, ringt sie mir Vertrauen und Geduld ab. So bleibt nichts anderes zu tun, als immer aufs neue auf mein Feld zu gehen, weiterzumachen und zu sagen „hier bin ich wieder". Und dann gelingt es mir, über meinen kargen Acker zu gehen, Steine aufzulesen, Samen auszustreuen, meine Ideen zu säen. Es ist Frühjahr, alles wird anfangen zu wachsen, aber es wird dauern. Im Vertrauen auf die Kraft der grünen Ewigkeit mache ich weiter. Manche Samen werden nicht aufgehen, manches wird von Unwetter zerstört und es kommt auch vor, dass etwas eingeht, weil ich es nicht genügend gepflegt habe. Aber auch das gehört zu meinem Feld, zu meiner Arbeit. Dann nähre ich mich mit der Kraft meiner letzten Ernte, anfangs in der Hoffnung, dann im Wissen, dass ich wieder eine Ernte einholen werde, wenn die Zeit gekommen ist.

Die Jägerin

Wachsam zieht sie ihre Kreise, folgt den Wanderungen der Tiere, streift in der Wildnis umher, Jägerin, Waldweise, die nur sich selbst gehört. Sie war es, die mich einst lehrte Witterung aufzunehmen, einer Fährte zu folgen. Von den Wildnisfrauen erzählte sie mir, die den Urtanz des Todes tanzen mit ihrer Beute und dabei ihrem eigenen Tod begegnen, in tiefer Verbindung zu den Tieren, voller Achtung, ein Teil des großen Zyklus.

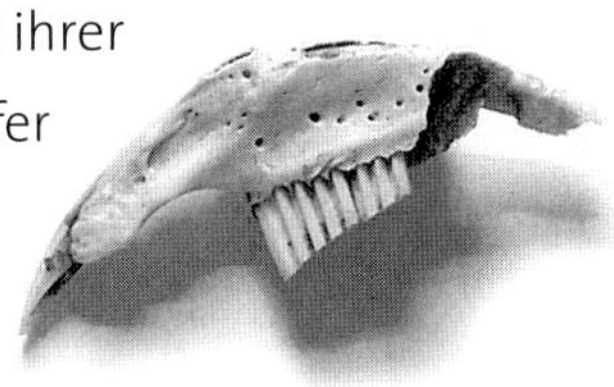

Sich lautlos im Wald bewegen, eintauchen ins kühle dunkle Grün, im Winter den Spuren der Tiere folgen oder nachts auf Streifzüge gehen. Der mythischen Jägerin begegnen und sich von ihr ins Innere der Wildnis führen lassen. Dann, wenn es nur noch das Jetzt gibt, wachsame geweitete Sinne einen führen, wird der Geist frei und unabhängig.
Meine Lehrmeisterinnen waren Katzen. Ihren Bewegungen folgend, tauchte ich ein in das Geheimnis der Pirschjagd. Sie brachten mir bei zu warten, zu riechen, die Kunst der genauen Beobachtung und des mich Einfühlens.
Ich sitze mit geschlossenen Augen am Waldrand und begebe mich ins Reich der Geräusche. Mein Gehör schärft sich, ich werde unsichtbar. Das Klopfen meines Herzens, die Töne meines Atems werden deutlicher. Leises Knacken im Unterholz, das Rascheln der Zweige im Wind künden von den Geschehnissen um mich herum. Ich beginne, mit den Ohren zu sehen. Gerüche verdichten sich und ich verfolge, wohin der Wind meinen eigenen Geruch trägt. Ich fühle einen Tiergeist, öffne meine Augen und sehe eine Füchsin auf der Lichtung. Sie wird mich nicht so schnell riechen, denn ich sitze gegen die Windrichtung. Die Jägerin in mir erwacht. Die Füchsin bewegt sich im Zickzack schnell und beweglich in meine Richtung, bleibt abrupt stehen, läuft weiter. Langsam und geduckt schleiche ich zu einem umgefallenen Baum, durch Buschwerk, weiter, dorthin wo ich meine, dass sie wieder in den Wald

eintauchen wird. Immer wieder blickt sie in meine Richtung. Schnell schicke ich meine Gedanken und die Energie meiner Augen an eine andere Stelle, lenke sie ab. Es ist schon relativ dunkel und ich muss mein Sehen für die Nacht schärfen. Manchmal vergesse ich fast zu atmen beim Lauern im Verborgenen. Jede Bewegung der wachsamen Füchsin beobachte ich, versuche, mich in sie hineinzuversetzen, ihren Weg, ihr Tun zu erkennen. Sie ist kurz vor der Stelle, an der ich warte. Wir werden uns begegnen. Ich weiß wie scharfsinnig sie wahrnimmt, wie schnell und leise sie im Wald verschwunden ist und mit welcher Vorsicht ich mich ihr nähern muss. Spürt sie mich bereits? Alles beginnt sich zu verdichten und dann gibt es einen Moment, in dem sich unsere Augen begegnen, eintauchen ineinander, verharren und unser Geist sich berührt. Wie wunderbar sie ist. Ein Bruchteil nur, dann ist sie verschwunden.

Ich setze machtvolle Zeichen,
rufe meine Helfertiere
und nehme mir Raum.
Mit dem Pfeil der Erkenntnis
durchtrenne ich die Schnur,
die Tag und Nacht verbindet,
spanne meine Flügel und fliege.

Die Geschichte vo

Einstmals zugeflogen, verschwunden, nicht mehr wiedergefunden, erzähle ich sie neu, da sie mich seit damals begleitet. Dreizehn Frauen sind es, die in einem Haus voller Zauber, voll seltsamer Dinge leben, umgeben von Gärten und Wildnis, die nahtlos ineinander übergehen.
Göttinnenfiguren aus aller Welt, afrikanische Krüge, Fetische, Treibgut von fernen Küsten, kleine Juwele von überall her finden sich ein. Sie wurden im Laufe der Jahre mitgenommen von den Wanderfrauen.
Immer mit dem Frühlingsvollmond machen sie sich auf, zwölf Frauen, die in alle Richtungen reisen. Jede sammelt Geschichten, Lieder, Bilder, Erfahrungen unterschiedlichster Art. Eine begibt sich in weite Fernen, eine andere zieht sich nur in eine nahegelegene Hütte zurück. Sind es bei einer Begegnungen, die ihren Weg bestimmen, so muss eine andere die Wildnis und Einsamkeiten durchwandern, bis sie sich selbst begegnet, um im Herbst verwandelt heimzukehren. Innere und äußere Wüsten durchleben, annehmen, überwinden und darin wachsen, sich der Wildnis anvertrauen, lehren und lernen, aufnehmen und loslassen, jede ist auf ihrem Weg.
Eine der Frauen geht nicht auf Reisen. Sie versorgt das Haus, die Tiere und Pflanzen, richtet alles für den Winter. Holz und Eingemachtes, getrocknete Kräuter, Salben und Düfte werden im Laufe des Jahres bereitet. Die Vorratskammern

den Wanderfrauen

wachsen, auf dem Speicher trocknen all die Heilpflanzen, Öle entwickeln ihr Aroma in der Sonne. Mit dem Land, auf dem sie ein Jahr so intensiv gelebt hat, das ihr so viel gegeben hat, ist sie fest verwachsen und an diese Kraft wird sie sich immer anbinden können auf ihren Reisen.

Wenn dann die Zeit der Dreißiger zu Ende ist, der Altweibersommer sein schönes Gesicht zeigt, fängt sie an, hin und wieder auf die Hügel zu sehen. In den nächsten Wochen werden sie zurückkommen und reiche Schätze von überall her mitbringen. Eines Mittags sieht sie Anndorada, die mit schnellen Schritten auf das Haus zu eilt. Strahlend fliegt sie Marie Sol entgegen. Lange umarmen sich die beiden, in freudiger Erwartung auf all die Erzählungen, die kommenden gemeinsamen Wintermonde. Nach und nach treffen sie ein. In den Gesichtern sind neue Linien gezeichnet, Lynn ist noch viel grauer ge-worden, ein nachdenklicher Zug dort, ein Blitzen in den Augen hier. Die Anfangswochen sind geprägt vom vielen Erzählen, Staunen, langen durchplauderten Nächten und ausgelassenem Feiern. Während die Tage immer kürzer werden, die ersten Herbststürme ums Haus fegen, kehrt langsam Ruhe ein.
Die Frauen lassen ihre Reise nachklingen, schreiben, malen, arbeiten im Haus. Werkzeuge werden repariert und begonnen, die Wolle zu spinnen. Im Spinnkreis, zu dem oft noch Freundinnen kommen, werden die Nächte genussvoll lachend verbracht. Es ist Zeit für Sinnliches, für Mußestunden. Die von den Reisen mitgebrachten Fundstücke wie Federn, Steine, Muscheln verarbeiten Reisha und Farangis zu Objekten, schmücken Ketten und Ritualsachen. Sarah schnitzt an Stäben, formt Skulpturen, andere töpfern, so dass am Ende des Winters alles gerichtet ist, genäht, Neues mit Vertrautem verwoben, viele Erfahrungen miteinander versponnen. Überall sind die Bilder der Wanderschaft eingeflochten. Gegenseitig bringen sich die Frauen die neu erworbenen Kenntnisse im Heilen, den Künsten, der Magie bei.

Wenn die Sonne wieder höher steht, das erste Grün herausspitzt, erwacht die Reiselust. Genährt im Kreis der Frauen, packen die ersten ihre Sachen, schmieden Pläne oder suchen die Richtung des Weges in einer Trance. Dieses Jahr wird Lilian die Hüterin des Hauses sein. Nach ihrer anstrengenden Vorjahresreise freut sie sich aufs Dableiben. Jede geht, jede kommt auf ihre Art, mal ohne sich umzusehen, den Sinn auf das gerichtet, was vor einer liegt oder mit leichter Wehmut oft zurücksehend. Und so zieht eine nach der anderen fort, im Rücken die Kraft der Frauen, lächelnd, wissend um die Verbindung zu allen anderen.

Vom Frühlingstisch der Sehnsucht aufbrechend, gehen sie ihrer Wege, Wanderinnen auf dem Weg in ihre Mitte, begleitet von Sonne und Mond.
Bereit zu Aufbruch, zu Bewegung, erfüllt der Blütenregen die Luft mit Freude. Jung gehen sie Neuem entgegen, neugierig auf sich selbst, in jedem Schritt der Beginn einer Heimkehr.
Wüsten sind es, Oasen, Seen, in denen eine ihrem Leben auf den Grund sieht. Und immer ist der Weg unter ihren Füßen.

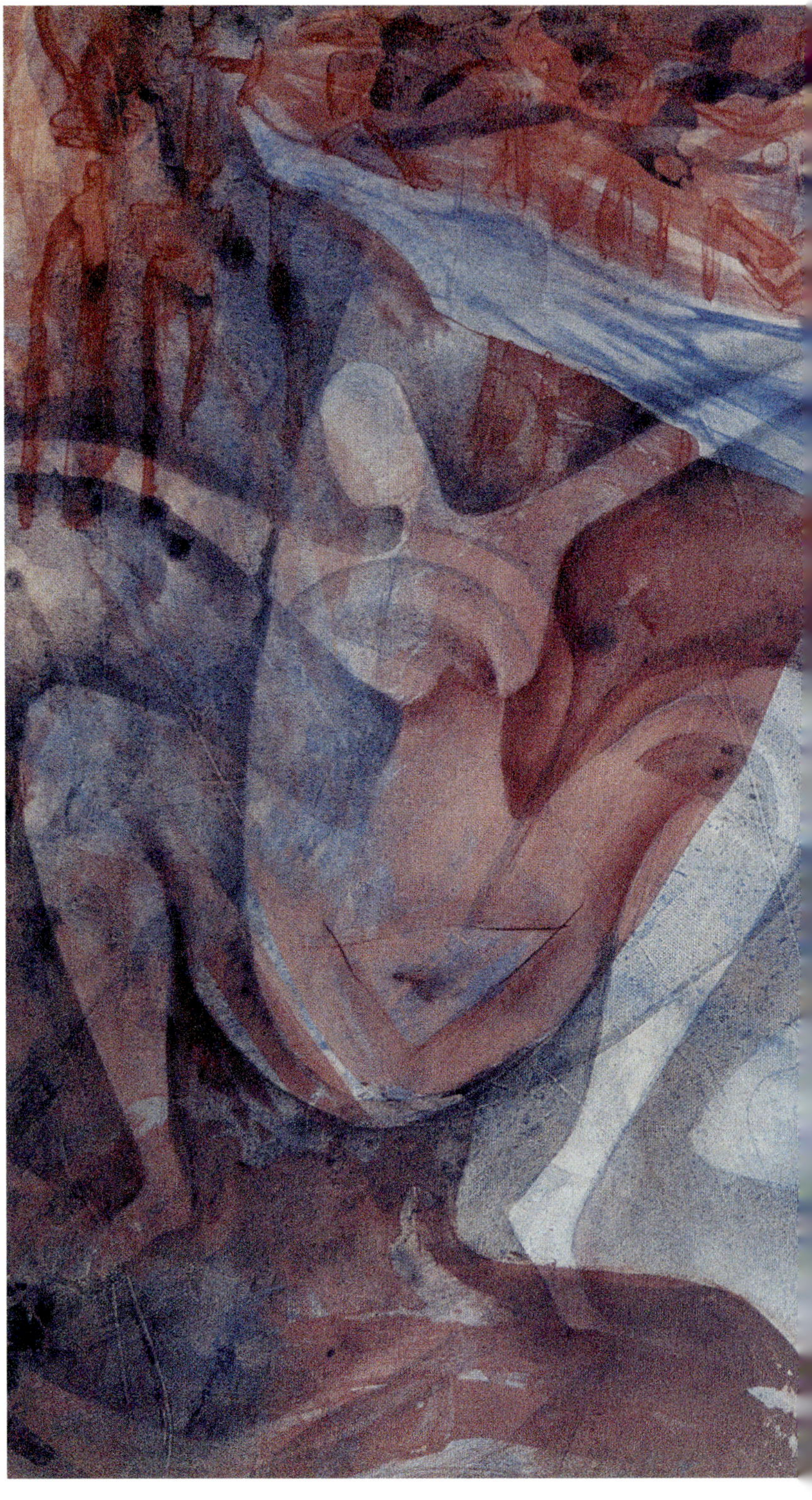

Südstab, Feuerkraft

Ich beschließe, mir einen Südstab zu machen. Er wird nicht von selbst kommen, das weiß ich, ich muss ihn mir holen. An einem heißen spanischen Sommertag lasse ich mir von einer kraftvollen Esche einen schönen starken Stab schenken. Schwer, im vollen Saft, lässt er sich nur mühsam schnitzen. Es gelingt mir aber, da ich ihn unbedingt haben will. Flammen, pfeilartige Zeichen, Echsen ranken sich in die Rinde. Ich hänge rote Bänder, Pferdehaare und ein eigenartig verbranntes Holz hin, das ich in der Asche eines der unzähligen Sommerfeuer gefunden habe. Am oberen Teil bemale ich ihn mit roter Farbe. In eine Vertiefung setze ich einen kleinen Feueropal, der mich an meine konstruktive Streitbarkeit, an Vitalität und meine Willenskraft erinnert. Wenn ich meine Kräfte für einen gezielten Einsatz brauche, meine Ziele verwirklichen will oder mal Angst vor meiner eigenen Stärke habe, setze ich mich mit meinem Südstab hin und besinne mich auf meine Energien.
Dabei merke ich, wie er mein inneres Feuer entfacht und meinen Willen stärkt.

Es ist Alba, die feurige Sonnenfrau, die mir eines Tages über ein rotes Mohnfeld entgegensprang und mir ihre Südstabgeschichte erzählte. Alba, die so intensiv nach ihrem Weg gesucht hat, nach kreativem Ausdruck. Was will ich, wohin will ich, fragt sie. Mehr und mehr entwickelt sich ihre Energie, bricht ihre Kraft auf. Der Wunsch nach Aktion, danach loszugehen wird unbändig. Sie schwingt sich auf den Rücken ihres Pferdes, malt sich das Sonnenzeichen auf die Stirn und sprengt davon, um die Kraft des Feuers zu erleben. Sie beginnt, ihr Anliegen zu formulieren, sich ihren Aufgaben zu stellen. Es ist die Wüste, die sie lockt. Tief reitet sie in die sengende Hitze, nichts als endlose Sanddünen so weit das Auge blickt.
Sie saugt die Sonnenkraft auf, während vor ihr das Bild einer goldenen Oase entsteht. Es ist ein Bild, das ihr in unzähligen Träumen bereits begegnete. Sie muss und wird dorthin

gelangen. Doch da löst sich alles auf - eine Fata Morgana, Luftspiegelungen, die an die Tür des Zweifels klopfen. Weiter, unbeirrbar reitet sie bald wieder ihrem Ziel entgegen. Aber je mehr sie in die Wüste eindringt, sich ihr Ziel immer wieder ihrem Geist entzieht, Sandstürme und Hitze den Weg erschweren, desto mehr nagen die Zweifel. Kurz davor aufzugeben, greift sie nach ihrem Feueropal und ruft die Feuerkraft der Göttin. Sich auf ihre Vision konzentrierend, spürt sie ihr Blut zirkulieren wie einen Kraftstrom, der freigesetzt wird. Im Zustand gesammelter Kraft, am Ursprung des reinen Willens, richtet sie ihre Gedanken nach vorne, schwingt sich johlend auf ihr Pferd und galoppiert davon. Als würde sie aus einem Dämmerzustand erwachen, kann sie ihre eigene Kraft wieder wahrnehmen. Gleich einem Frühlingsfeuer erlebt sie einen lustvollen Freudenausbruch. Während des Wüstenrittes beginnt Alba zu lernen, ihren Willen mit Weisheit zu verknüpfen, um den Fluss ihrer Kraft zu einem machtvollen Strom werden zu lassen. Wüstenfrau wird sie, die ihr Seelenfeuer findet. An den nächtlichen Feuern der Tuareg lauscht sie den Frauen, lebt das Nomadinnenleben mit ihnen.
An zahllosen Feuern saß sie nun schon, auf dem Weg zu ihrer Oase. Ihre Träume werden röter, einmal spricht die Oase zu ihr, mit ihrer eigenen Stimme, dann wieder ist die goldene Oase ähnlich einem Fladenbrot, das die Tuaregfrauen ihr zu essen anbieten. Sie verspeist die Oase, die in ihrem Körper wächst und ihre immer durchscheinender werdende Haut golden glänzen lässt. Angst ist dabei, was da an Machtvollem in ihr wächst. Interessiert beobachten die Frauen Alba, bis sie ihr eines Tages über die Mythen der goldenen Oase erzählen, den Ort, den jede Frau in ihrem Zentrum findet, den warmen orange-roten Platz. Und dass manchmal eine in der Wüste zu einer gold-orangenen Oase kommt und darin ihr eigenes manifest gewordenes Zentrum sieht. Alba lässt die Oase in ihrem Bauch wachsen und irgendwann verabschiedet sie sich und zieht weiter. Viel fordert ihr die Wüste ab, stellt ihr Aufgaben aller Art. Neben der Kälte in der Nacht, den Stürmen, meint sie eines Abends Gefahr zu wittern, als seien Augen auf sie

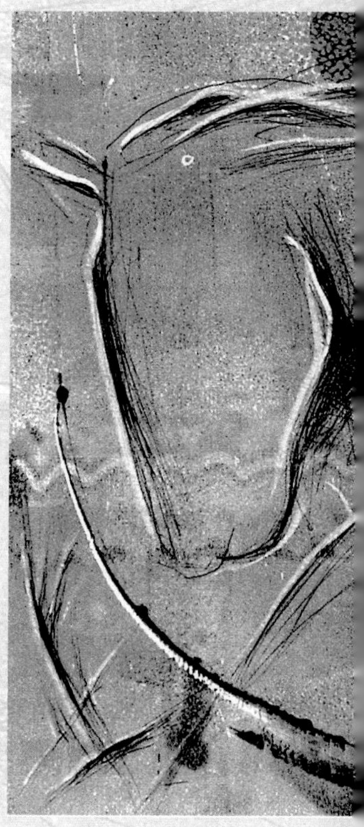

gerichtet, die ihr nicht wohl gesonnen sind. Alba nimmt den Feueropal und geht in ihr Zentrum. In der kraftvollen Stille ihrer Oase bezwingt sie die erste Erregung. Ihre Unbeherrschtheit würde ihre Energien aus dem Gleichgewicht bringen und wenn wirklich Gefahr droht, muss sie ihre ganze Lebenskraft aufrufen können. Sie legt sich nieder als schliefe sie, horcht in die Nacht und ist bereit sich zu stellen. Im Morgengrauen ist es soweit. Drei Männer greifen ihr Lager an, fast lautlos, fest davon ausgehend, dass sie nichtsahnend schläft. Mit einem schnellen Satz greift Alba den Ersten an, führt ihren Kampf voller Mut, bereit ein großes Risiko einzugehen. Sie wird ihren Platz und ihren Körper verteidigen, für sich kämpfen. Das Blut der Kriegerin pulsiert in ihr und sie ficht ihren Kampf erfolgreich, nur mit leichten Verletzungen aus. Noch im Dunkeln reitet sie müde, aber gestärkt weiter. Als sie es an der Zeit findet, die Wüste zu verlassen, ist sie voll von roter Kraft, auf die sie sich verlassen kann. Sie hat gelernt, auf ihrem Feuerpferd zu reiten.
Die ersten Häuser tauchen auf in der Ferne, Siedlungen am Rande der Städte. Alba wird an vielen Herdfeuern sitzen, mit den anderen über die Wege durch die Wüste, über ihre Kämpfe reden.

Die Frauen, die aus der Wüste kommen, bemalen sich in den Farben des Feuers und tanzen den Tanz der Löwin, in dem ihre Leidenschaft, ihre Stärke, ihre Erlebnisse zum Ausdruck gebracht werden. Die Sommermonde verlebt Alba in der Stadt der Löwin, bis sie irgendwann weitergehen will, an den letzten Ort ihrer Reise. Wichtiges hatte sie geklärt, geübt sich auseinanderzusetzen, ihre Positionen klar zu vertreten. In der Zeit des Wüstenrittes hatte sie ihre Ängste angeschaut, wurde stark und zuversichtlich. Nun geht sie Richtung Süden, zu einem mächtigen Vulkan.
Mit jedem Schritt weiß sie mehr um die Energie, die ihr zur Verfügung steht, ihre neuen Ideen und Visionen zu verwirklichen. In ihren Träumen begegnet sie der Drachin, die mit einem Schlag die ganze Feuerkraft entzündet. Nicht nur ihre Entscheidungsfreude, ihre Durchsetzungskraft und ihre unbändige Vitalität lodern um sie, auch ihre Aggressionen, ihr unbedingtes Wollen brennen, zehren. Auf das ganze Spektrum lässt die Drachin sie schauen, wirft sie in die Tiefen des Vulkans, bis sie alles sieht, annimmt und gelernt hat, auf dem Vulkan zu tanzen.

Schwitzhütte

Wenn alles gerichtet ist und das Feuer entzündet wird, kommen die Frauen zur Ruhe. Stunden vergehen, während denen wir in die Flammen schauen, den Gedanken nachhängen oder etwas erzählen, auf das Glühen der Steine wartend. Die Luft flirrt, die Gesichter der Gegenüberliegenden verschwimmen in einem Spiel aus Rotorange und hellem Grün. Frühsommerfarben, Spätnachmittag, hohes Gras, leichte Kühle, Feuer, das wärmt. Funkenflug, Krachen, Transformationskraft. Dann ist es so weit. Im engen dunklen Innenraum, auf feuchter Erde und Stroh sitzen wir, nackt, ursprünglich. Gebärmutter. Glühende Steine in der Mitte, die mit Salbei begrüßt werden. Die anderen sind nur noch schemenhaft zu erahnen. Jede stellt sich mit all ihren Namen vor, ihren Rufnamen, dynastischen Namen, geheimen und Ritualnamen, Liebesnamen. Mit jeder Facette unseres Seins sitzen wir zusammen. Ein Lied, Summen, Atem, schnell, tief, angestrengt ... Sich Öffnen für das Ende und den Anfang, für den Ur-Sprung. Wasser und Feuer treffen aufeinander, Zischen, Hitzewellen, Räucherung. Nasse Körper. Die Augen blicken ins Schwarz. Völlige Dunkelheit hüllt uns ein, es gibt nur noch intensive Gerüche, Töne und Berührung. Irgendwann öffnen sich die Decken am Eingang, wohltuend kühle Luft und Helligkeit treten ein.
Die neuen Steine bringen Glut, einen Hauch von Licht und Hitze. In den Kessel begeben wir uns, den Kessel, der uns kochen wird, wandeln, der uns zwingt, loszulassen. Alles, was da ist, wird noch verstärkt. Altes wird rausgelassen, Schreie, die Trauer, die Wut, Körpersäfte, Spucke, Tränen, Tierlaute. Sich in die Erde krallen, keuchen, sich mit Erde beschmieren, Schweiß, der sich mit Erde verbindet. Das gewaltige Energiepotential der

anderen in all seinen Ausformungen spüren, aushalten.
Die Hitze, das Brodeln, das sich Gehenlassen. Nichts mehr halten. Cerridwen wandelt uns in ihrem großen Kessel, Mutterleib gebiert uns neu.
Knochenfrau besingt uns, setzt uns neu zusammen. Auflösung. Luft für einen kurzen Moment, drei neue Steine und einen für alles, was jenseits aller Begrifflichkeit, aller Nennbarkeit, jenseits alles Vorstellbaren ist. Dann Konzentration, zu uns Kommen, Stille, ruhiger Atem, letzte Tränen. Es zieht mein Haupt zur Erde. Das Königschakra will das Wurzelchakra berühren. Mein Haupt senken und den Kreis schließen, in meinen Schoß wandern. Demut begleitet meine Freude über meine Kraft, Spiritualität wird eins mit dem Körper. Mit offenen Handflächen zeige ich mich, empfange, gebe ab. Auf allen Vieren verlassen wir die Schwitzhütte, gehen in die kühle Nacht. Neu geboren berühre ich den Boden mit der Stirn. Zuletzt legt die Feuerfrau einen Stein für die Ahnen in das Erdloch.

Eine zweite Haut

Haut, letzte Verbindung zur Außenwelt, bemalte Haut, Lehmhaut. In eine andere Haut schlüpfen. Dort, wo die größte Berührungsfläche zum Außen ist, lasse ich ein, werde berührt, hautnah, berühre, bin ich verletzlich, baue ich meinen Schutz auf, öffne ich die Durchgangsstelle zu dem, was außerhalb von mir ist. Verkleiden, Verwandeln, Tarnen – Schutzhaut.
Was schützt mich? Gleißendes Licht um mich, das alles verbrennt was mir schadet. Gelbe Stacheln oder eine Windhaut, die alles von mir wegbläst. Schnell zieht sie sich über mich, meine Schutzhaut, wenn ich sie rufe.
Tarnhaut. Ich tarne mich, bewusst, mit Lust, mache mich unsichtbar, steige – chamäleongleich – in andere Farben und Texturen. Die Nacht auf mich laden, im Dunkel aufgehen oder im Grün der Wiesen. Asphaltgrau durch Menschenmengen gehen, um die Tarnung wissen, keine Blicke auf mir, keine Wahrnehmung durch andere.
Lehmhaut. Eintauchen in warmen Schlamm, weißlich-graue Haut, glänzend, legt sich an den Körper. Urschlamm, Fruchtblase, Mutterschoß. Umschlungen von Gaia. Suhlen, den schmatzenden Geräuschen nachhören, seidige Umhüllung. Meine Lehmhände gleiten über den Körper. Versenkung in die Erde. Hineingleiten, mich wälzen. Schlamm in den Haaren, Schlamm, der durch die Finger fließt, der in alle Poren dringt, sinnliches Vergnügen. Spielen, mich erfassen lassen, das Zusammenspiel der Elemente beobachten. Wind trocknet den Lehm, Risse entstehen, die Haut beginnt zu spannen. Alterungsprozess. Wie Schuppen oder Hornhaut, Runzeln, Falten. Abbröseln. Echsenhaft, ausgetrocknet, ledrig. Mich häuten wollen. Sonne, die die Lehmhaut aufspringen lässt. Jeder Atemzug wird spürbar durch das Reißen des Lehms. Weiß, dunkle Risse. Kontrastverstärkung. Mich langsam schälen. Irgendwann ins Wasser tauchen, aufweichen, Wegspülen des Schlamms. Weich und geschmeidig werden. Wassertrübung um den Körper, samtene Haut. Lehmhaut, die nachklingt.

Mit der Erde tanzen

Zuviel des Fliegens, des Abhebens, Seele und Geist, die nach Erde verlangen, nach Erdung. Auf der weiten Meseta, deren Töne von dunkelrot über braun nach ocker gehen, suche ich die Vereinigung mit Gaia im Tanz. Noch fliege ich, springe Richtung Himmel, bis meine Kraft nachlässt, ich nehme wahr, wie viel Anstrengung mein Tun kostet. Und dann spüre ich langsam das Pulsieren unter mir, das mich zieht. Ich fange an, nicht mehr auf, sondern mit der Erde zu tanzen. Ich springe nicht hoch, sondern lasse mich nach oben federn. Mein Stampfen lässt mich zurückfedern, leicht wie einen Ball. Die Anstrengung verliert sich, es wird zum Spiel. Erdtöne umhüllen mich, Steine nehmen Verbindung auf, Weite, die meine Bilder zum Fließen bringt, lässt mich Freiheit spüren. Mutter Erde gibt mir meine Seele. Unter meinen Füßen bebt der Rhythmus des Bodens, der mich tanzend aus meinen Tiefen erzählen lässt. In Wellenbewegungen drehe ich mich um meine Mitte, stampfe weiter, lasse das Vibrieren Gaias durch mich fließen. Obwohl die Hochebene immer mehr zu einem Farbspiel verschwimmt, nehme ich alles genauer, anders wahr. Der Atem des Windes verbindet sich mit meinem Atem zu einem magischen Lied, die Steine sprechen mit meinen Fußsohlen, im Klatschen meiner Hände höre ich die Botschaften der Tiere. Und immer tiefer tanze ich mich in die Erde.

Weite Meseta in goldenen Farben, Steine und Erde, Schuhe und ein Häufchen Kleider, sonst nichts.

Mit Gaia im Rhythmus
verbindet sich meine Seele tanzend mit allem.
Tanzend erinnere ich mich an meinen Ursprung.
Magischer Akt, der mich nach Hause bringt.

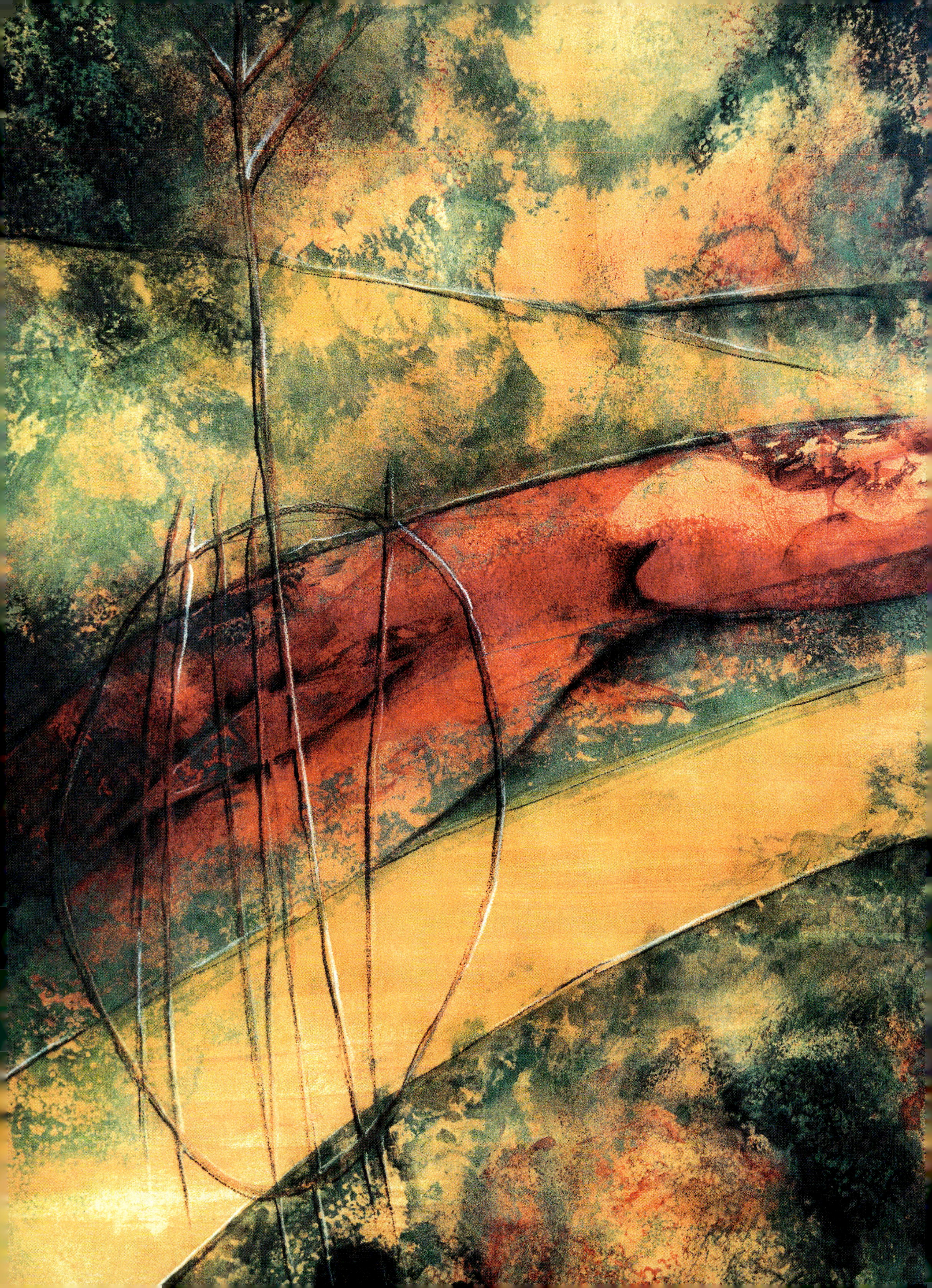

Erdenesserin Feuertänzerin

Ich esse Erde, esse die Welt in mich hinein,
so gelange ich in die Welt
und verbinde mich mit meinen Wurzeln.
Tief in der Erde wecke ich mein Feuer
und dann tanze ich auf dem Vulkan.

Meist passiert es am Ende des Weges, wenn die Sehnsucht groß genug ist. Nackt läuft sie durch die nassen Wiesen auf den Hügel, bleibt atemlos stehen und schaut weit ins Land. Mit Wind bekleidet, Feuer atmend, in der Umarmung von Licht und Finsternis, lässt sie sich hineingebären in den Erdenfluss. Sie beginnt Erde zu essen, eine Wanderin, die überall und nirgendwo zu Hause ist. Des Nachts legt sie sich auf die Erde, den Kopf zwischen den Armen, geschützt von einem Dach aus Sternen. In ihren Träumen geht sie ins Zentrum der Erde, wo sie ihr Feuer entdeckt und aus der Verwurzelung und Beständigkeit heraus ihren Tanz findet.
Die Vögel nisten in ihren Armhöhlen und in ihrem Schoß, zupfen von ihren Haaren, um die Nester in den Büschen zu polstern. Zarte Insekten suchen Schutz in ihren Ohrmuscheln. Sonne, Regen und Wind werden ihre Begleiterinnen. Erdgeliebte, die eins ist mit dem Atem der Erde, die sanft über die Gräser streicht, als wären es Haare. Sie lernt, unter die Erdhaut zu reisen, zu den Steinen, den Gebeinen und findet Boden unter ihren Füßen, findet Wachstum, Überfluss, Fülle. Je mehr sie verwildert, desto mehr kristallisiert es sich heraus, bis sie eines Tages durch die Erdberührungsgeste die Erde als Zeugin für die Wahrheit anruft. Und wieder sieht sie ins weite Land. „Mein Reich", flüstert sie und weiß, das sie eine Königin ist.

Da plötzlich steht sie vor ihr, die Erdgöttin mit dem Schlangenrock, zu der sie unterwegs war. In der Tiefe der Erde wurzelnd und sich der Weite des Himmels öffnend, beginnt sie, die Welt zu träumen.

Erdenlust

mich hingeben, der Fülle,
stampfen, beben,
meine Schätze heben,
nähren, mich,
gebären,
was ich will,
kraftvoll,
machtvoll,
Feuer trinken,
fließen,
sterben lassen,
auf meine Art,
in meiner Zeit.

Wüstensteine erzählen

Ein heißer Sommerabend lässt uns lange draußen sein.
Im Garten hängen wir die Gebetsfahnen um, damit die guten Wünsche vom warmen Wind mitgenommen werden können und genießen die nächtlichen Blumendüfte, den frischen Melissentee und den Sternenhimmel des Sommers.
Wir legen Steine aus dem Negev in unsere Mitte. Musik, die an die Weite der Wüste erinnert, Nomadenklänge, lassen uns tanzen. Unsere dünnen Kleider und Tücher umwehen uns.
Wir tanzen für die Steine der Wüste, jede für sich und doch ist wie ein unsichtbarer Faden eine starke Verbindung durch die Steine da. Irgendwann liegen wir erschöpft da, tanzend tausendundeine Geschichte erzählend. Dann beginnen unsere Hände auf den Körpern der anderen zu tanzen. Wie Schleier und Windhauch streichen sie darüber. Die Frauen trommeln den Rhythmus der Zimbeln und Darabukkas auf meinen Fußsohlen, über meinen Körper. Eine sinnliche Leichtigkeit liegt über allem, ich habe das Gefühl getanzt zu werden.
Wir legen uns Steine auf die Stirn, in die Handflächen, den Bauch. Kleine Kugelsteine lassen wir über die Gesichter kullern. Die Wüstensteine kühlen in der heißen Sommernacht und verströmen den Duft und die Kraft ihrer Herkunftsorte. Es ist so, als ob sie uns mitnähmen und uns ihre Bilder schenkten.

Jede ist  eine Königin

Als ich den Frauen begegne, sehe ich sie ruhig und strahlend vor mir und spüre ihre Stärke. Drei Farne und drei Lilien sind in unserer Mitte, ein Hauch von Jasminduft liegt in der Luft, jede wünscht sich was. Ich möchte im Lotussitz sitzen, meinen Platz, meinen Stand, meine Mitte spüren und gehalten, gewiegt, gekreist werden, um mein Zentrum schwingen. Die Frauen streichen über meinen Rücken, lassen den Oberkörper ganz leicht hin und her pendeln, nehmen Verspannungen weg.
Es sind die kleinen langsamen Bewegungen, die alles entspannen und mit Leichtigkeit fließen lassen.
Es entsteht das Gefühl, tief zu wurzeln auf meinem Sitz, aufrecht da zu sein, Himmel und Erde miteinander zu verbinden. Eine tiefe Ruhe und Ausgeglichenheit ist in mir. Ich sehe mich als Königin, die klar und fest in ihrem Leben steht, die nichts braucht, für die jeder Platz ihr Thron ist. Ich fühle mich in meiner Mitte und weiß, dass ich von dort aus die Geschicke meines Lebens in Weisheit meistern werde. Die Achtung und Aufmerksamkeit, mit der mir meine Freundinnen begegnen, empfinde ich in jeder ihrer zarten Berührungen, die mich erden und immer mehr zentrieren. Sanft kreise ich um meine Mitte, biegsam und unerschütterlich. Ganz bei mir, beginnt sich mein Raum zu weiten.
Ich durchdringe die Königinnenreiche der anderen, erfreue mich an ihrem Strahlen, sehe ihre Würde, ihre Einzigartigkeit, sehe, wie wir unsere Leben richten, unsere Kämpfe mutig fechten, für unsere Unabhängigkeit eintreten und mit Klugheit und Entschlusskraft Entscheidungen treffen in den Alltagswirren. Der Reichtum einer jeden an schöpferischen Ideen, die Schätze unseres Erbes als Frauen glänzen um uns und erhellen den

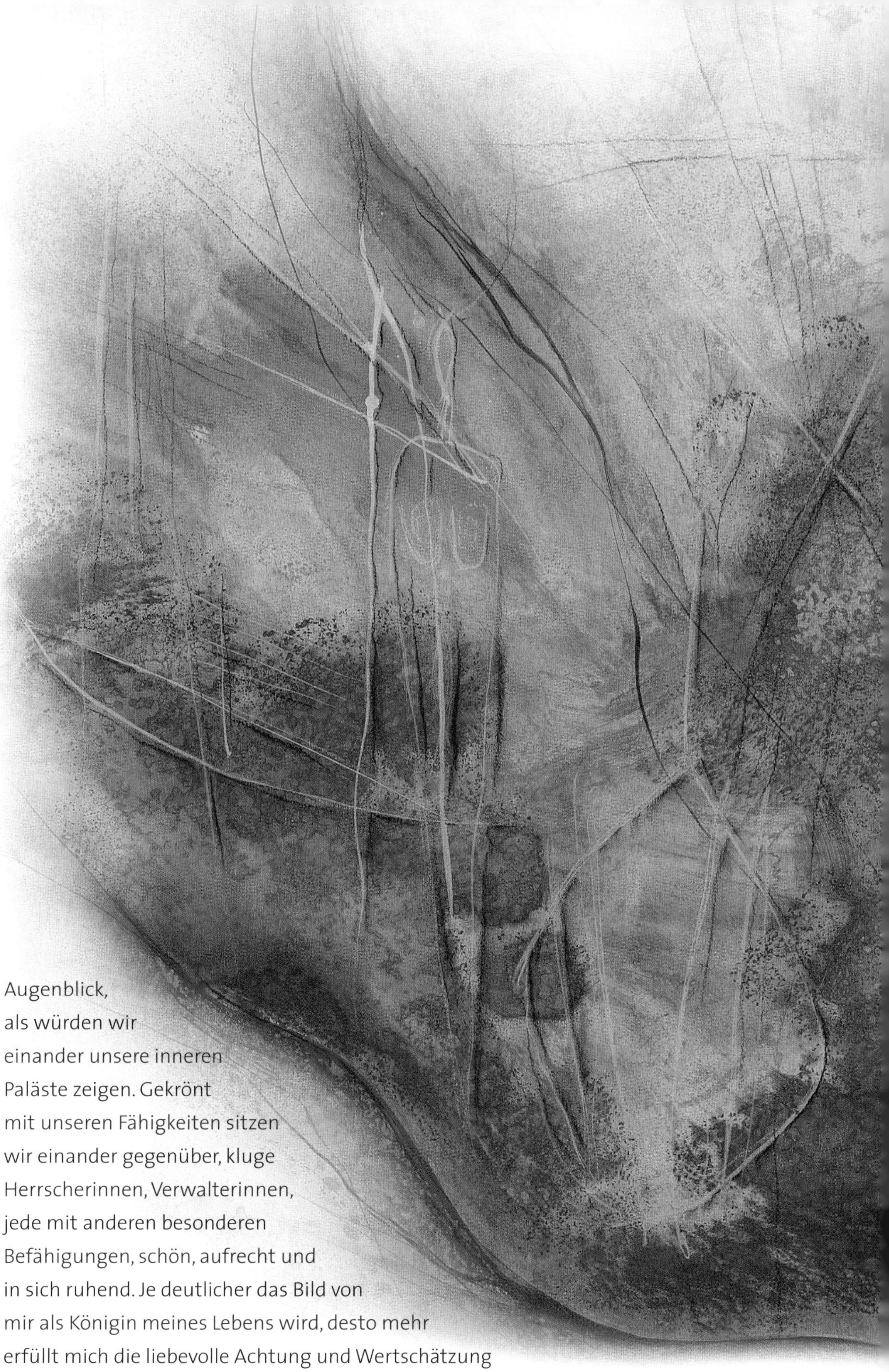

Augenblick,
als würden wir
einander unsere inneren
Paläste zeigen. Gekrönt
mit unseren Fähigkeiten sitzen
wir einander gegenüber, kluge
Herrscherinnen, Verwalterinnen,
jede mit anderen besonderen
Befähigungen, schön, aufrecht und
in sich ruhend. Je deutlicher das Bild von
mir als Königin meines Lebens wird, desto mehr
erfüllt mich die liebevolle Achtung und Wertschätzung
für all die anderen Frauen. Jede ist eine Königin.

Die Geburt des Regenbogens

Im Zeichen des Regenbogens fängt jede an, eine Farbenergie auf sich zu laden. Mehr und mehr tauchen wir ein in blaue Ozeane, türkisfarbene Riffe, Dschungel. Züngelnde Flammen entstehen auf einem Körper, eine goldene Sonne auf der Stirn einer anderen, Wellen und Zeichen auf Armen und Beinen. Ich bemale mich mit Lila. Wie Federn tupfe ich blauviolett, purpur, lila, das in schwarz übergeht auf meine Haut. Es ist die Kraft der Magie, der Transformation, das Alter, die Spiritualität, die ich rufe. Im Laufe der Stunden wandere ich hinein in das Land Lila. Am Ende werden wir alle unsere Farben tanzen, darstellen, singen. Zunehmend mehr wird jede ihre Farbe. Ein sonniges Lachen hier, dort feuriges Herumhüpfen oder Emotionen die fließen. Während wir in die Farbhaut schlüpfen, holen wir uns die Kraft der Erdmutter, der Amazonen, tauchen in die Welt der grünen Waldgöttin oder des flirrenden Lichts.
Aus dem Weiß geboren, springt die Feuervogelfrau ekstatisch in den Raum. Alles hinter sich lassend wälzt sich Orange in ihrer Energie. Golden schön wärmt die Sonnenfrau alle anderen, lebendiges Pulsieren und Schnelligkeit mitbringend.
Die trommelnde grüne Frau singt, mit ihrem Kind im Bauch, Erdenlieder, die sich zur türkisen Großstadtschamanin hinüberziehen. Die blaue Frau bringt Wasser, fließt, reißt mit, berührt, bewegt, lässt wogen, bis schließlich im Violett die Transformation beginnt, ein Versinken ins Nichts, zum Anfang. Schön wie ein Regenbogen am dunklen Himmel, erfüllt der Zauber der bemalten Frauen den Raum.
Sieben Farben begegnen einander, sieben Energien befruchten sich, sieben innere Bilder schälen sich heraus. Es ist die Geburt des Regenbogens.

Mit den Füßen sehen

Barfuß gehen, in den Tag hinein, durch noch taunasses Gras, das kühl zwischen den Zehen entlangzieht. Ein erfrischendes Grün breitet sich von unten her aus, rankt sich hinauf wie junger Efeu. Es ist wie gegossen werden, wie Tautrinken, wie Wasser aufsaugen durch die Haut.

Erde, weich, nachgiebig, zeichnet die Spuren der Füße auf. Eindrücke wie sich Verwurzeln, wie Fäden nach innen ziehen, stehen bleiben, auf der Stelle treten, einen guten Stand ertasten, wie ein Baum oder ein vom Wind angewehter Same entstehen.

Lehmboden, warm, mit Wasser vermischt, schmatzende Laute von sich gebend, ist wie Zeitlupe, wie einsinken, wabern, blubbern, wie graubraunes genüssliches sich Suhlen.

Die Füße gleiten über glatte, mit Algen überzogene Steine im Wasser. Sie rutschen, schnell, über Wölbungen wegflutschend, Halt suchend. Zehen, die versuchen, sich um die Steine zu krallen. Es ist wie Fallen oder Fließen, wie ein Balanceakt auf einem Hochseil, wie auf Zehenspitzen gehen, auf rohen Eiern oder wie auf blaugrüner kühler Seide.

Spitze Steine auf der Kiesbank, runde Kiesel, sind wie eine Verlangsamung, wie ein Sog für alle Sinne, nach unten und oben gleichzeitig, wie Versteinern, wie Festhalten.

Die Wahrnehmung, der Geist ist in die Füße gewandert, geht über Wurzeln, durch Wasser und Sand, über weiche Moose. Es ist wie grüne Samtkissen, Elfenbetten, wie Tanzen auf Wolken oder Gewiegtwerden.

Trockene Tannennadeln im Wald prickeln leicht an den Fußsohlen, wie sich einlassen müssen, wie vorsichtig sein und es dann genießen, wie kurz vor dem Eintauchen in kaltes Wasser, wie sich Wundern und Schmunzeln.

Die Augen sitzen
in der Fußsohle,
deren Haut
Wasser atmet.
Der Geist
ist nach unten
geglitten,
tritt sanft
auf grüne Wiesen
und trinkt Nektar.
Mit jedem Schritt,
jedem Abrollen,
zeichnen sich
Geschichten ein,
Berührungen ab,
tauschen sich
Fuß und Erde aus,
erzählen
einander
Liebesgeschichten.

Sonnwendlust

Der Duft von Heu und Schafgarben säumt den Weg am heißen Sommernachmittag. Der Platz an dem großen Fluss mit einer alten Buche, Rundplätzen und Vogelsang lädt ein zu Sinnlichkeit und Freude. Mit Kirschen, die den ganzen breiten Sommer in sich tragen, Wein und Trillern begrüßen wir, neun Frauen, den Sommer.
Unsere Altäre sind diesmal üppig, farbenprächtig.
Zur allgemeinen Erheiterung liegt am Ostaltar ein aufblasbarer Plastikwal. Wie viel Lachen und Lebendigkeit ist um uns.
Obwohl der Fluss noch sehr kalt ist, wird gebadet. Reinigung, die prickelnde Haut aufheizen lassen von der Kraft der Sonne. Ein intensiver Moment, an dem uns bewusst ist, dass wir am Zenit stehen, die Tage nun kürzer werden und wir in die andere Jahreshälfte gehen. Wandelpunkt.
Unser Wasser-Reinigungs-Ritual bringt die ganze Sonnwendlust. Wir stehen im Kreis, um eine der Frauen, nackt, und streichen mit unseren mitgebrachten Gräsern und Blumen Quellwasser über ihren Körper. Summen, tönender Atem vermischen sich mit Blätterrauschen und Vogelgezwitscher.
Mit geschlossenen Augen stehe ich zur Sonne, es summt und singt um mich, kühles Wasser läuft an mir herunter, perlt auf meiner Haut. Golden und grün flirrt es vor meinen Augenlidern. Wunderbar sinnlich, lustvoll, intensiv erlebe ich mich, in starker Verbindung mit den Frauen. All das ist Sommer in seiner Breite, Fülle, Lust und Wärme. Wie ich es genieße.
Später bemalen wir uns gegenseitig mit Lehm und Farben, beschreiben uns das, was wir in der anderen sehen und erfreuen uns an unserem Spiegelbild im Wasser.
Irgendwann wird es kühler, wir entzünden unser Feuer, durch das wir unsere Kräuterkränze ziehen. Für ein Jahr werden sie als Schutz an der Haustüre hängen.
Mit Lachen, Trommeln und Gesang lassen wir die kürzeste Nacht kommen. Wir sammeln Augenblicke, Bilder, die uns im Winter nähren werden.

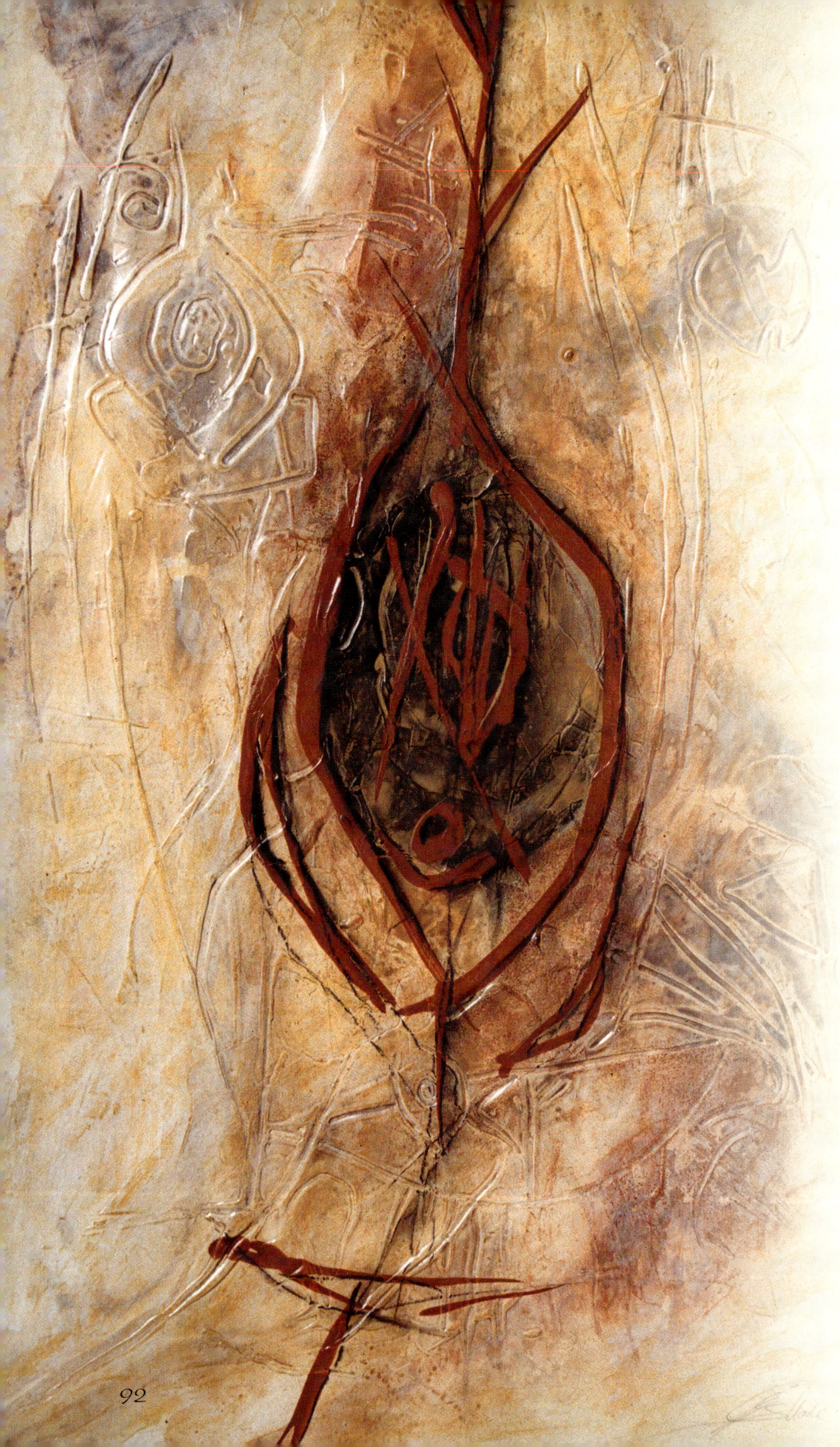

Die Kraft des Gestaltens

Finger tauchen in Farbe, Hände schmiegen sich um feuchten Ton, bearbeiten Stein und Holz, holen etwas heraus, bauen auf. Kreative Kraft fließt nach außen, gestaltet Lebensräume, uns, unser Leben. Die Farbe ergriffen, eine kühne Linie gesetzt, sich Raum genommen, dem Schöpfungsakt hingegeben, der eigenen Wahrheit begegnet. Ein Blatt Papier, ein Stück Holz, auf dem sich Linien aneinanderfügen, Farbschichten überlagern und Strukturen herausbilden wird zum experimentellen Raum, in dem spielerisch alles gelten darf, alles gewagt werden kann. Magischer Gestaltungsraum, in dem wir handeln, uns ausdrücken, mitteilen, wirken, verwandeln können.
Auf dem Papier öffnet sich auf einmal eine feste Form, die schöpferische Phantasie lässt vielfältige Bilder entstehen, sie reist mit uns in unbekannte Welten, der Pinsel erschließt abenteuerliche Wege, Ton bringt sinnliche Erfahrungen. Materialien lassen vieles lebendig werden, bringen es in Fluss. Die kreative Kraft kennt keine Fehler, keine Überhöhung, nichts muss perfekt sein, sie macht uns großzügig, erfüllt uns mit Freude und Mut und trägt uns hin zur Magie, dem Urelement der Kunst. Leicht fliegt der Pinsel über die halbnasse Oberfläche, vertreibt Pigmente, schafft neue Gestalt. Assoziationsketten, auf denen kostbare durchpulste, lebensfördernde Perlen aufgefädelt sind, gleiten durch unsere Finger. Gefäßskulpturen, aus Ton geformt, dem Ritual entsprungen, nehmen alles auf, formen um und gehen dorthin wieder zurück. Schöpferische Kraft, Wandelkraft, die weitreichend verändert, Möglichkeit zur kreativen Lebensgestaltung.

Verwildern

Sie zupfen an meinen Haaren, wühlen darin , so dass es sich anfühlt, als würden sie immer länger, immer mehr. Auf meiner inneren Landkarte folge ich einem uralten Weg. Je weiter ich gehe, desto mehr wachsen meine Haare, in die alles Mögliche eingeflochten ist. Bänder, Gräser, eine Blume hängen im verfilzten Haar. Ich sitze, an einen Stein gelehnt, mit vielen Gewändern übereinander, Röcke, einer Hose, einer alten Wolljacke mit Löchern, die bunt und schlecht geflickt ist. Später werde ich Brennesseln suchen für einen Tee und Kräuter, um abends mein Essen am Feuer zuzubereiten. Mein Gesicht ist dunkel von der Sonne, wettergegerbt, schön, der Geruch meines Körpers ist intensiv und erinnert mich an die würzigen Bergkräuter. Meine Nase ist sehr fein und manchmal habe ich Lust, auf allen Vieren rumzukriechen und Geschichten zu erschnüffeln. Mein Ohr auf die Erde gelegt, eröffnet sich mir eine eigene Klangwelt. Ich stöhne, grunze, zwitschere mit meiner Umgebung und ab und an klingt mein schallendes Gelächter herüber.
Morgens bade ich meinen dunklen Körper in Regenwasser und manchmal flechte ich mir einen Blumenkranz. Gerne rede ich mit mir selbst, erfreue mich mit alten Erzählungen, murmle einen seltsamen Singsang vor mich hin. Zerzaust und ungezähmt bin ich, eingesponnen in erdig-bunte Lebensfäden.
Ich sehe in meine wilden, wachen Augen und betrachte meine schwieligen Hände, die so gerne in der Erde wühlen und zaubern können. Mein Seelengesang ist dunkel, mein Schritt ist fest und sicher. So wandere ich auf meinem Pfad der Intuition, pfeife für die Geister und zelebriere mein Leben.

Das verlassene Dorf der Düfte

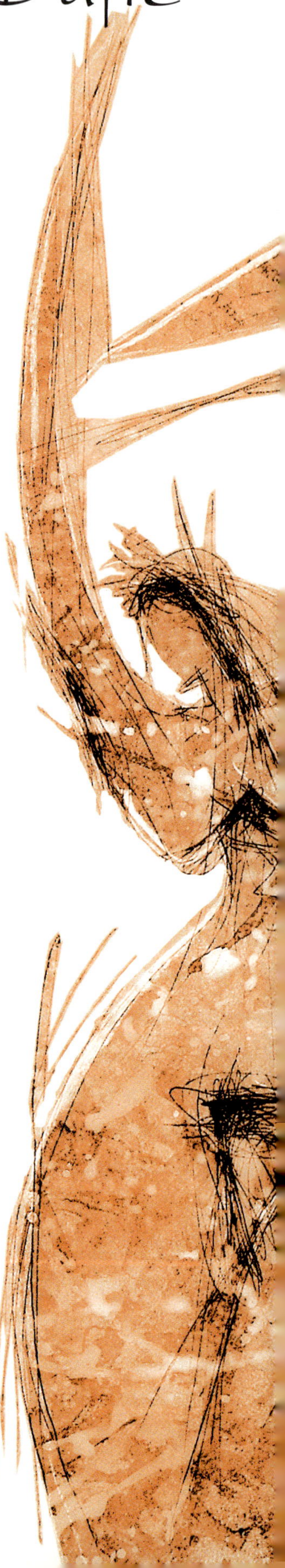

Wenn im Apfelblütental sanfte Rosenwinde
Wolken nach Rosmarin schmecken lassen
und im Blütenregen Schmetterlinge lachen,
duftet meine Seele in der Magie des Augenblicks
nach Ewigkeit und nichts hat ein Ende ...

Mit Esther durchstreife ich ein altes spanisches Dorf, ein schon lange verlassenes Dorf der Stille – pueblo del silencio. Es ist zu unwirtlich dort, die Winter zu kalt, die Wege oft unpassierbar und dahinter die Berge, einsame Gegenden. Wir sitzen in halb eingebrochenen Häusern und verwilderten Gärten, in denen uralter Efeu verfallende Mauern umspinnt.
Dunkle Gewitterwolken brauen sich zusammen. Als sich das Gewitter verzogen hat, fängt es auf einmal an zu duften, nach Honig, Süße, intensiven, herben, rauchigen Gerüchen.
Jeder Atemzug ist wunderbar und immer wieder weht mich zwischendurch Weihrauch an. Esther riecht ihn nicht, als einzigen der Gerüche. Ganz betört gehen wir durch das Geisterdorf. Nirgendwo blühen Rosen, und doch liegt der kostbare Duft in der Luft, als kämen mit sanftem Flügelschlagen Rosenwinde und ein Hauch von Poesie daher, um von Sinnlichkeit und Sehnsucht zu künden. An einer dunklen Stelle, wo uns feucht-modriger Geruch aus halb überwachsenen Eingängen entgegenkommt, lockt plötzlich ein tiefer erdiger Geruch, der uns warm umfängt. Ich denke an Wurzelkraft, an Urmutter. In einem alten Erdkeller sitzen wir lange und atmen den eigenartigen Duft ein.
Wieder draußen, wärmt uns die Sonne auf und süßer Honigduft weht uns an, leicht und entspannt ziehen wir weiter.
Am Dorfende, wo die Felsen steil in ein wildes Tal abfallen, uns starker Wind und Nebelschwaden entgegenwehen, stellen wir uns mit unserer Kraft in den mächtigen Wind und verbinden uns mit ihm. Frischer Lavendelduft lässt die Gedanken ziehen und das Gefühl von Weite macht sich breit. Frei und klar stehen

wir auf dem Felsvorsprung. Fliegen, standhalten, in den Wind lachen. Das Dorf ist erfüllt von Düften. Wir sind ganz verzückt, lassen uns ziehen, führen, beflügeln. Zwischen allem rieche ich immer wieder Weihrauch. Ein anderer, warmer holziger Duft des Morgenlandes mischt sich dazu und führt uns in einen fremdartig wirkenden Garten, einen Ort zauberhafter Ruhe. Die Schwingung dort ist langsam, mächtig und tief. Ein weicher, blumiger Duft verströmt sich auf einmal. Wir freuen uns, erstaunt über die Duftgeschenke, beschreiben uns unsere Duftbilder, schwelgen mit tiefen Atemzügen. So schnell und zart sie kommen, so verflüchtigen sie sich wieder, gehen über in andere Gerüche. Nur den Weihrauch kann ich mit Esther nicht teilen. Er wird mich noch oft in den nächsten Monaten anfliegen, unerwartet einhüllen, betören. Und immer, wenn ich plötzlich tief einatme und stehen bleibe, schmunzelt Esther und weiß, dass Weihrauchduft in der Luft liegt.

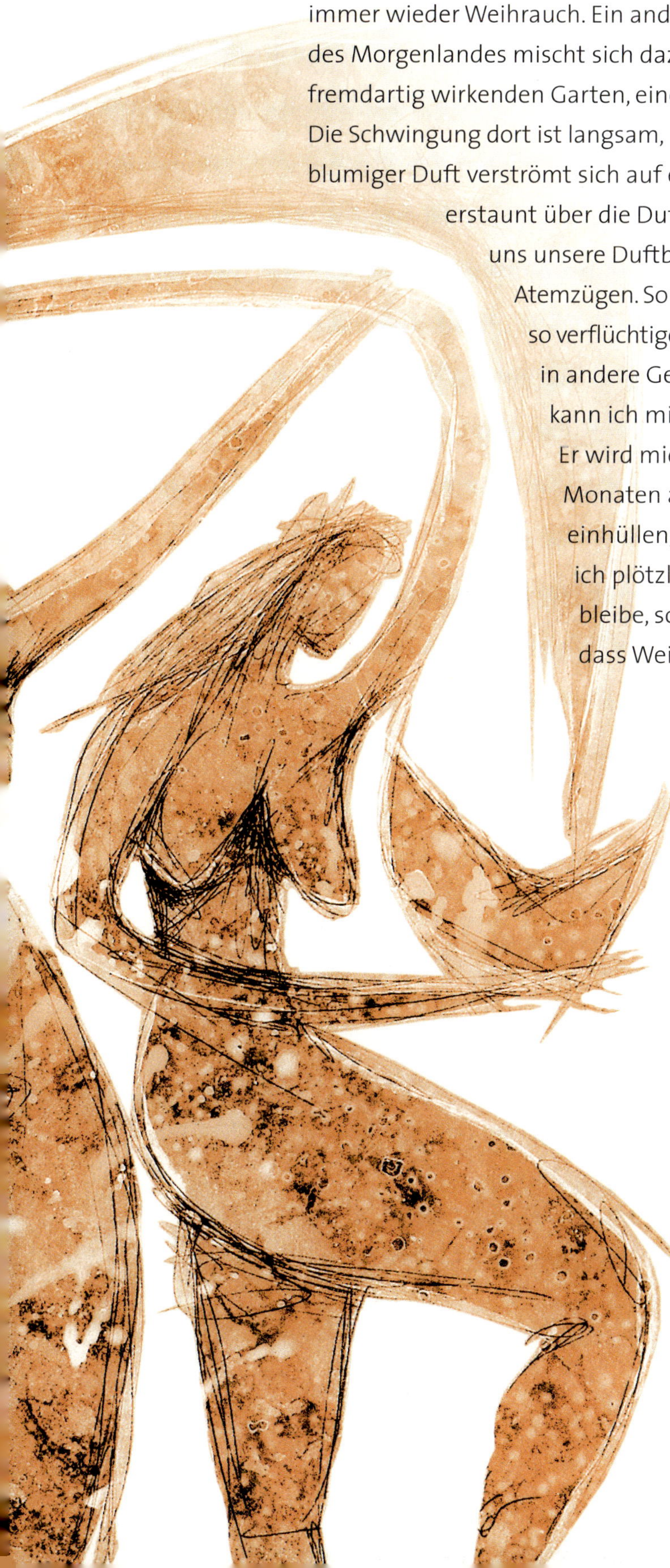

Feenplätze

Engaña, die Trügerische. Ein wildes Tal, das in zahllose Bergketten mündet. Schlangen, Wölfe, Adler sind hier zu Hause. Im Sommer, wenn der Rio Engaña wenig Wasser hat, lässt es sich im Flussbett nach oben gehen, zu seiner Quelle. Über Felsplatten, durch Steintore und Wasserfälle führt der Wildfluss, der im Frühjahr so reißend und gefährlich ist. Es gibt einen besonderen Punkt zwischen zwei Felsen, der wie der Eintritt in eine andere Welt ist. Es wirkt eine Art Schutz und jedes mal ist mir sofort bewusst, dass ich ein unsichtbares Tor passiere. Zunächst noch unmerklich, dann zunehmend mehr verliert die Zeit an Bedeutung. Durch dichte dunkle Buchenschluchten klettere ich, vorbei an Höhlen, riesigen Felsen im Flussbett, Moosteppichen und Wasserfällen, die wie feine Schleier in sattem Grün wehen. Feenplätze.
Längst ließ ich Schuhe und Kleider in einer Höhle zurück.
In tiefen eiskalten Gumpen schwimme ich, lasse mich aufheizen auf den heißen Steinplatten mit ihren sinnlichen Vertiefungen, weichen abgeschliffenen Wölbungen. Ich meine, zarte Stimmen und Wispern zu hören. Das Wasser springt über die Steine wie silbernes Lachen. Das Sonnenlicht flirrt in den Blättern, Schattenspiele lassen meine Phantasie reisen. Aus den Augenwinkeln meine ich immer wieder jemanden zu sehen.

Eine Frau tanzt am Wasser entlang,
bemalt von einem Traum,
in ihren Augen verbirgt sich das Meer,
in ihrem Haar hängt Farn und Moos,
Sonnenlicht bricht sich im Wasser,
bemalt ihre Hände mit Regenbögen.
Schattenmuster auf silbrigem Leib,
alles verschwimmt, im Wasser versinkt,
sehe mein Spiegelbild in ihr.

Langsam sinke ich, tauche unter. Ich schaue durchs Wasser nach draußen. Die Konturen verwischen, Fischperspektive, Trennungen verlieren sich, ein weiches Ineinandergreifen, Überfließen. Die Welt, die ich von innen heraus betrachte, verliert an fester Form. So schön, so anders.
Erst wieder unten wird mir bewusst, dass ich nicht weiß, ob Stunden oder Tage vergangen sind, dass ich kein Gefühl dafür habe, wo ich war. So kehre ich zurück, war fast einen Tag weg und meine, es sei gerade mal eine Stunde vergangen oder auch andersherum.

Fundstücke

Zugefallen, im Weg gelegen, herausgefischt ... Es sind die Schwemmhölzer mit ihren Mustern, den abgerundeten Ecken, wie Tierskulpturen, die Wurzeln, Knochen, Rindenteile. Aneinandergereiht erzählen sie alte Geschichten neu, lassen Waldweisheiten lebendig werden, schaffen Geisterecken im Haus oder bringen die Kraft des Wassers auf den Altar. Fundstücke zusammenfassen, vernähen, einbetten in Nestteile, Stoffetzen, Blätterdecken.
Scheunen und Speicher, Müllhalden manchmal, vergessene Schubladen - Orte, die Schätze verbergen können. Einstmalsgelebtes. Beim stundenlangen Herumwühlen in alten Kisten, dazwischen im Stroh liegend und Zeitungen von 1960 lesend, finden sich schwere geflickte Leinenbezüge mit feinen Spitzen in einer Basttruhe, ein Mausgelege und ein Hühnerfuß im Reich der Marder. Unterm Dachfirst liegt ein mumifizierter Vogel. Entdeckungen machen, ins Leben der alten Bäuerin eintauchen. Seltsame Fadengespinste, verlassene Wespennester in Lampenschirmen, ein roter Knopf und silberne Löffel. Bunte Glasschusser in einer verrosteten Blechschachtel, versinken, spielen ... Murmeln rollen zu lilagelben Garbenbändern, lassen eine Eisenrosette zum Vorschein kommen und ein Sichelmesser. Bretterteile mit malerischen Texturen und vergilbte Buchseiten werden mitgehen, Schätze, die geputzt, gesäubert, bemalt, in eine neue Geschichte eingebunden werden wollen.

Aus Stein und Bein,
aus Flachs und Wort
wird Geisterort.
Die Münze laß gehn,
Haare bestehn
und Wurzeln dazu.
Ein alter Schuh
wird Blumenbett,
aus Zwirn und Holz
und Kralle und Fell
wird magisches Schild
oder Traumgespinst.
Ein Zauberspruch
im leeren Nest,
erwacht,
so ist's vollbracht.

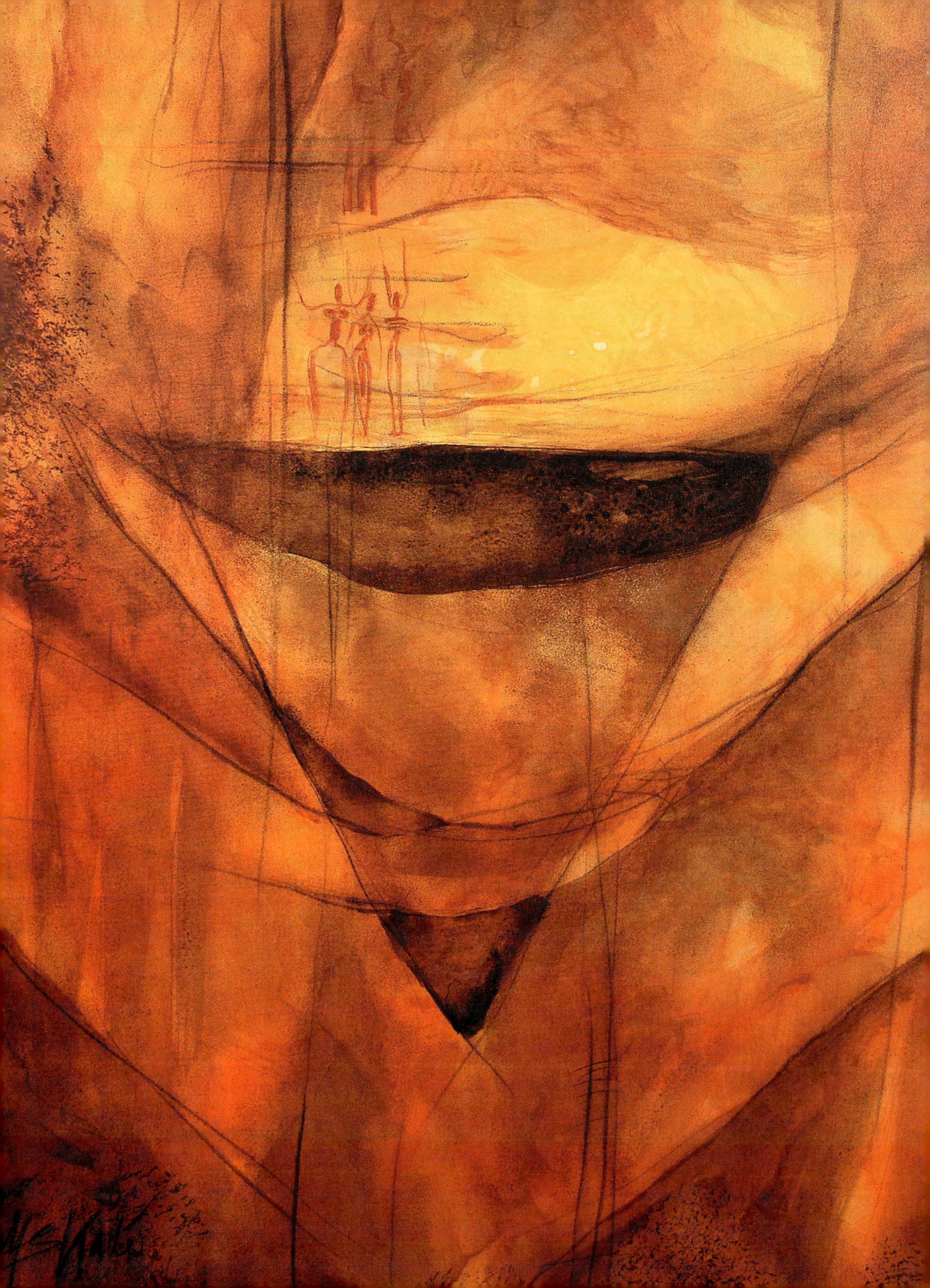

Frauenmuster

ICAMOA, drei Frauen in alter Verbindung. Vor vielen Jahren haben wir beschlossen, uns selbst das kostbare Geschenk zu machen, uns regelmäßig Zeit für uns zu nehmen, experimentelle Räume zu betreten, in denen wir spielerisch alles gelten lassen. Es ist unsere sinnliche Frauenzeit, die uns Freude und Inspiration bringt, eine Quelle für meine Bilder. Wir äußern unsere Wünsche, was wir möchten, dass die anderen uns Gutes angedeihen lassen. Wir genießen das, was kommt und trauen uns immer mehr, uns fallenzulassen. Und so reihen sich im Laufe der Jahre Muster, schöne, komische, eigene aneinander. So verwebt sich unser Lachen mit Berührung, Tanz und Phantasie zu einem reich verzierten Teppich, auf dem sich unsere Seelen ausruhen können.

Gorgonentanz

Es begann in einer Gorgonennacht. Der Abend war wild, laut, bewegt, draußen fegte der Sturm ums Haus. Wir liegen auf dem Boden, sternförmig und berühren uns an den Fußsohlen. Beim Bewegen der Beine, durch das Pendeln und Kreisen der Füße, bilden sich Muster. Witzige Formen entstehen, interessante Frauenfußbilder tanzen in der Luft. Wir heben uns in die Kerze und es ist, als ob unsere Beine kraftvoll in den Himmel schnellen. Wie eine Blüte sieht es aus, die sich öffnet und schließt. Dann tanzen wir im Stehen, die Rücken, die sich leicht berühren, einander zugewandt. Wir schwingen, kreisen, lehnen uns an, lassen uns tragen, treiben, halten die anderen. Es ist ein sehr gutes Gefühl, die anderen Frauen im Rücken zu spüren, den Halt, die Geborgenheit und Nähe, ohne sie zu sehen. Jede schaut in ihre Richtung, die anderen als Stütze im Rücken. Unsere Hüften kreisen, gemeinsam hüpfen wir durchs Zimmer. Unsere Hintern berühren sich, fliegen herum, die Hüften wackeln. Es fühlt sich so witzig an, dass wir irgendwann nur noch lachend und erschöpft rumliegen. Wir freuen uns, dass wir uns trauen, unseren spontanen Einfällen Raum zu geben, dass wir offen sind für unsere Phantasien.

Bauchmusik

Wieder einmal steht der Abschied an vor einem langen Sommer. Wir legen uns auf den Boden. Jede bettet ihren Kopf in den Schoß der anderen. Wir streichen über die Gesichter, erspüren die Knochen, Vertiefungen, die Gesichtslinien.
Ein zarter Energiekreis bildet sich. Gleichzeitig das Gesicht von Mea zu ertasten und Linges Finger auf meiner Stirn zu fühlen, ist eine ganz neue Erfahrung. Von Zeit zu Zeit machen unsere Finger fast dasselbe. Später drehen wir uns um, bis unsere Köpfe auf dem Bauch der anderen liegen. Die Geräusche im Körperinneren der anderen sind deutlich zu hören. Eine tiefe unterirdische Quelle, ein Bach mit rieselndem Wasser über Steine, ein Strom, Gurgeln, Plätschern, alles Mögliche tönt aus den Bäuchen. Während wir uns die Bauchbilder erzählen, reisen wir in die Körper.

Händeknoten, Frauenknäuel

Ein anderes mal sind unsere Hände verschlungen. Im Kreis kniend, verbinden wir uns. Der Energiefluss durch die Hände ist stark. Wir beginnen, mit den Körpern zu kreisen, die Hände in der Mitte, als ob wir gemeinsam in einem Kessel rührten. Unsere ineinander verschlungenen Hände lassen seltsamschöne Handmuster entstehen. Der Kessel brodelt, lässt uns einsteigen in sein Zischen. Wir rühren weiter, während aus der Tiefe die Hände von vielen Frauen auftauchen, die sich berühren, ein Netz bilden, sich halten, Wirklichkeit gestalten.
Wir folgen unseren Händen, die wir nicht voneinander lösen, bis unsere Körper völlig verschlungen sind, wir mit unseren Köpfen unter den Händen liegen. Wie ein Zelt sind sie.

Die eigenartigen Perspektiven der Körper, des Raums um uns, inspirieren uns dazu, uns weiter zu verknoten. Wo die anderen aufhören und ich anfange, ist nicht mehr zu spüren. Frauenknäuel. Es dauert lange, bis wir uns wieder auseinandergedreht haben, ständig um unsere verbundenen Hände steigend, mal oben drüber, mal unten hindurch, dann geht es nur weiter, wenn sich eine dreht und die anderen halb akrobatisch über sie hinwegklettern. Aber irgendwann löst sich plötzlich unser Knoten und wir sitzen wie zu Beginn. Unsere Hände lösen sich vorsichtig und fangen an, dem Erlebten eine Form zu geben. Sie bilden Schalen, Kessel, Gefäße, die aufnehmen, abgeben, Blumenkelche öffnen sich. Unsere Mitte füllt sich mit dem Tanz der Hände, dem, was sie in die Luft formen. Schließlich strecken sich die Arme nach oben, ziehen und schaffen uns neue Räume.

Der Weststab

Er wollte zu mir kommen an einem Herbsttag im Norden Spaniens, am Ende der Welt, auf einer schmalen Straße, die in ein verlassenes Bergdorf führt und dort endet. Es war kein Zurückkommen mehr, keine Menschenseele, ein Auto, das nicht mehr ansprang und der Beginn der Abenddämmerung. Warten. Unerwarteterweise war ich ganz ruhig, habe eine Haselrute genommen und zu schnitzen begonnen, intuitiv, einen Weststab. Voller Vertrauen und Konzentration habe ich ihn in den Sonnenuntergang hinein geschnitzt. Im Zwielicht des Abends war ich fertig und wir wurden abgeholt. Mein Weststab überrascht mich jedes mal wenn ich ihn anschaue. Er kam plötzlich, wie aus dem Nichts, ist genauso schnell fertig, steht da, schön, fremd, als ob nicht ich ihn gemacht hätte. Noch spüre ich die Schnitzwunde, meinen Blutzoll an den Stab, meine weitere Verbindung. Nun will ich sehen, was er braucht. Während des herbstlichen Herumstromerns in den Wäldern und Bergen fallen mir die Dinge zu, die ich an den Stab hängen, binden, ihm zuordnen werde. Dies sind Zeichen von Herbst, Hagebutten, Federn und einiges mehr. Kurz bevor der Winter kommt, ist er fertig. Ich sitze da mit ihm, schaue in die letzten fallenden Blätter, rieche Spätherbst und lasse mich auf Reisen mitnehmen. Die Federn werden bewegt, Westwind beginnt zu erzählen, kräftig, trägt mich fort.

Zum Schnitterinnenfest waren sie zusammengekommen und am Ende wurde eine auserwählt, mit dem Weststab loszuziehen und etwas zu finden, das ihn erweitern würde, Begegnungen, Geschichten, einen kraftvollen Gegenstand.
Mit nur wenigen Dingen, etwas zu essen und trinken und dem Weststab mit seinen Mustern in der Rinde, der schon durch so viele Frauenhände gegangen ist, so viele begleitet hat auf ihrem Weg durch den Herbst, ging die Indigofrau auf ihre Reise. Wohin sollte es gehen? Sie ließ sich treiben, ihren Blick ins Irgendwo gerichtet. Der Geruch von Algen, feuchten

Moosen stieg auf und der Geschmack von Meerwasser legte sich ihr auf die Zunge. Zum Fluss würde sie gehen, geführt von ihren Intuitionen. Breit kam er daher von seinem langen Weg aus den Bergen, gesäumt von dichten Auenwäldern. Da war er, der Geruch von Fluss, Fischen, Algen. Sie setzte sich ans Ufer, als leichte Nebel über dem Wasser aufstiegen und betrachtete die herabfallenden Blätter, die sanft auf der Wasseroberfläche aufsetzten, fortschwammen. Einsamkeit und Traurigkeit umfing sie plötzlich wie ein kalter Windstoß. Alte Wunden schmerzten und sie hatte eine tiefe Sehnsucht und eine vage Hoffnung auf Heilung. Eine lange Zeit verging, den Weststab fest in der Hand, mit der Last des Schmerzes. Der Wind strich durch die Bäume und es hörte sich an wie ein leises Lachen. Indigofrau gewahrte, dass neben ihr eine alte Weide wuchs, deren Blätterspiel im Wind wie Lachen, Raunen, Flüstern klang. „Heilender Mondbaum", sagte eine innere Stimme. Sanft lehnte sie sich an den Stamm, ließ ihren Blick etwas verschwimmen, als sich aus dem Geäst eine Gestalt zu bilden schien, geheimnisvolle Baumnymphe, leise lachende Weidenfrau mit langen wirren Haaren, die seltsam im Wind wehten. Es war keine Angst da, keine Unsicherheit, sie wusste, dass sie geführt werden würde. „Weißt du, auf was du dich einlässt?" „Darauf, dass auch etwas absterben kann, genauso, wie auf das Leben, die Erneuerung." Worte, ein Pulsieren zwischen der Weide und Indigofrau, eine eigene Art der Verständigung, des Austauschs. Waren da nicht Schritte? Ein seltsames Unbehagen befiel sie, eine innere Stimme ließ sie schnell alles zusammenraffen und im Schutze der hereinbrechenden Dämmerung auf die Äste der Weide klettern. Jeder Tritt war sicher, als würde sie gehalten, gezogen. Das Geräusch von Tritten, von knackenden Zweigen im Unterholz wurde lauter. Zwei Männer tauchten auf, die über etwas zu diskutieren schienen, verhalten, als sollte sie niemand hören. Am Fuße der Weide hielten sie inne, setzten ihre Taschen ab und entnahmen ihnen in aller Eile Sägen und anderes Gerät. Als fasste sie die Baumnymphe bei der Hand, fühlte sie die Verbindung zu ihr so intensiv, als sei sie eine Schwester. Das Pulsieren des Baumes ging auf sie über, seine

unbändige Lebenskraft, die Kraft der Erneuerung. „Die Flötentöne …“, hörte sie, Wortfetzen von den Männern. „Wir müssen uns eine Flöte machen, um uns die Weidenfrau dienstbar zu machen.“ „Schneide Äste ab, mehrere, wir werden die Flöten vielleicht verkaufen können.“ Das also war ihr Ansinnen und nun konnte sie sich auch ihr Unbehagen erklären. Weidenflöten, die mißbraucht, verkauft werden sollten.
In tiefer Verbindung zur Weidenfrau verließ sie der Rest von Ängstlichkeit, sie schloss kurz die Augen und beherzt übergab sie dem Wind ihre Stimme. Ein leises Krächzen, eigenartig fremde Töne, Zischeln … Wie erstarrt blieben die Männer stehen. Hörten und sahen sie richtig? Als ob eine Gestalt im Baum wäre, schemenhaft, oder waren es nur die Zweige im Wind? Woher kamen die Töne? Furchtsam blickten sie sich an. Der Wind wurde stärker, ein leises Wimmern formte sich zu Klagelauten, die immer mehr wie das Lachen einer Irren wurden, es schien sich zu steigern, dunkle Haare wehten im Wind, ein Kreischen ließ sie zusammenfahren. Fegte nur der zunehmende Sturm in den Bäumen umher, waren es Hände, die nach ihnen griffen? Es knarzte und ächzte und alles, was sie wollten, war weg, so schnell wie möglich. Getrieben von Furcht rannten sie davon. Wie ein Spuk war alles vorbei, Ruhe, ein leiser Windhauch, als ob nichts gewesen wäre. Ein Seufzen der Erleichterung, ein heiteres Lachen kam aus den Ästen.
Zufrieden mit sich, damit, dass sie ihrer Intuition vertraut hatte, stieg Indigofrau aus der Weide. „Mach dir eine Weidenflöte“, hörte sie es flüstern, „spiele beherzt das Lied deiner Trauer, deiner Gefühle. Lass alles in die Töne fließen, finde die singende Quelle, spiele ihr dein Lied und lasse dich heilen.“ Stunden später fand sie sich, ein Stück Weidenholz in der Hand, flussaufwärts gehen. So war sie wohl einige Wochen unterwegs, ihre Flöte schnitzend, die ersten zarten Töne darauf spielend. Immer besser konnte sie umgehen mit ihrem Instrument, fand ihre Sprache, lernte ihre Emotionen auszudrücken, wurde mutiger, kühner. Als hätte sie viele Leben durchwandert, gelangte sie irgendwann an der Quelle an.
Ein helles Gurgeln begrüßte sie, prickelnd, perlend war der

Quellnymphengesang. Wie verzaubert lauschte sie den grauen und grünen Tönen des Anfangs, verband sie mit den blauen Tönen des großen Stromes und setzte ihr Indigolied dazu. Sie fing an, vieles von Ursprung und Wandel zu verstehen. Ein tiefes liebevolles Mitgefühl erfasste sie, sie begann zu verzeihen, auch sich selbst – alles – zu verzeihen. So wurde sie die Herbstfrau und machte sich auf den Nachhauseweg mit ihrem Weststab und ihrer Flöte.

Mit Phantasie und Hingabe

Wenn wir zusammen sind und uns etwas wünschen können, wandere ich tief in mich hinein, spüre die Stellen am Körper, die vernachlässigt wurden, die in letzter Zeit eine schwere Last zu tragen hatten und auch die, die sich sehr lebendig anfühlen. Alle Wahrnehmungen und Bedürfnisse werden geäußert, um sich dann in die Hände der anderen zu begeben, denen sicher Erstaunliches einfallen wird.
Sich einstimmen, fallenlassen, fließen lassen, loslassen.
Wir lassen uns fliegen oder auf einer Wasseroberfläche gleiten, in eine Decke gerollt, in der Luft schaukelnd. Wir werden bewegt, ohne was tun zu müssen, plötzlich hebt sich ein Bein, ein Arm, der Kopf rollt, die Hüfte dreht sich.
Sinnliche Leichtigkeit – ein Gefühl in den Raum gesetzt, das die anderen spielerisch umsetzen. Auf Reisen gehen wollen, und schon schickt uns Mea auf den Weg in unbekannte Gegenden. Rosenöl und einfühlsame Hände verwöhnen den müden Rücken, ein feiner Windhauch bläst Muster auf die Haut. Zartes, Zärtliches berührt, wo gerade so wenig Platz dafür da ist.
Ein andermal ist es das Wachwerden wollen, der Wunsch, gerüttelt und geschüttelt zu werden, richtig was spüren, erleben, lachen wollen, erheitert werden wollen. Wichtel machen sich ans Werk, mit hundert kleinen Händchen, kichern, knuffen und puffen, Schmetterlingsküsse berühren die Wange, rollende Köpfe, die sich wie riesige Kürbisse anfühlen, kullern auf dem Körper herum.
Dann wieder ist nur das Bedürfnis nach gehalten- in den Arm genommen werden da, nach sich Fallenlassen und aufgefangen werden. Oder danach, dass alles aus dem Kopf rausgefegt wird. Körper ziehen sich in die Länge, nehmen das Vielfache ihrer Größe an, schmelzen unter den Händen dahin.
Besungen werden, einschlafen dürfen, während die anderen ein Märchen erzählen ... Begegnungen voller Offenheit und Hingabe, einfühlsam, lebendig, intensiv.

Mondblutzeit

Die Dämmerung bricht an, ich ziehe mich langsam aus, lege eine Hülle nach der anderen ab und tanze mich in meine Drachenzeit. Meinen Rhythmus suchen, meine Wogen, mein Gesicht unerwartet in einem Spiegel finden, beleuchtet von einer Kerze. Urahninnenalte Erinnerungen wehen mich an und ich verspüre den Wunsch, mich mit meinem Blut zu bemalen. Rotbraune Zeichen auf meiner Haut, die anfangen, mir Bilder zu schicken. Meine Augen blicken auf mein Gesicht im Spiegel, auf dem die Linien des Mondbluts zu trocknen beginnen und leicht spannen bei Bewegungen. Ich beginne mich zu verändern, werde alt, viele Leben zeichnen sich in meine Haut.
Ich finde mich schön, kraftvoll, mächtig, sehe mich schreien, geboren werden, leben, leiden, lieben, gebären, sterben. Meine Lust sehe ich, meinen Schmerz, die Drachin, wild, frei, erdig und verliere meine Angst. Ich bin in meiner Macht, öffne mich dem Fluss des Lebens, meines Blutes, spüre, wie alte Wunden heilen können. Ich verzerre mein Gesicht, darf hässlich und wild sein, tanze den Tanz der Drachin, den roten Tanz des Mondbluts.

Zu den Anfängen der Zeit trägt es mich, umgeben von Steinen, Felsen und Meer. Starke Winde fegen durch die Luft, ein Beben und Brausen spüre ich unter meinen Füßen, begleitet von einem tiefen Grollen. Heißer Windatem umfängt mich.
Wie gebannt blicke ich um mich, schmiege mich in eine Steinmulde, lasse meine Gedanken in die brodelnden Erdöffnungen gleiten, während das Vibrieren des Bodens gewaltig zunimmt. Da sehe ich sie, Drachinnen, neun an der Zahl, wie sie sich auf einem großen Steinplatz auf der Anhöhe eines Berges versammeln. Ihre Schritte lassen die Erde erzittern, Feuerkraft und älteste Erdkraft vereinigen sich. Unnahbar, fremd wirken sie und doch spüre ich in ihnen einen Teil meiner Wurzelkraft, die ich gerufen habe. Sie lachen, wild, ekstatisch, hell, und beginnen, die Welt zu erstampfen. In ihrer Mitte befindet sich ein riesiger schwarzer Kessel, den sie umkreisen, lachend,

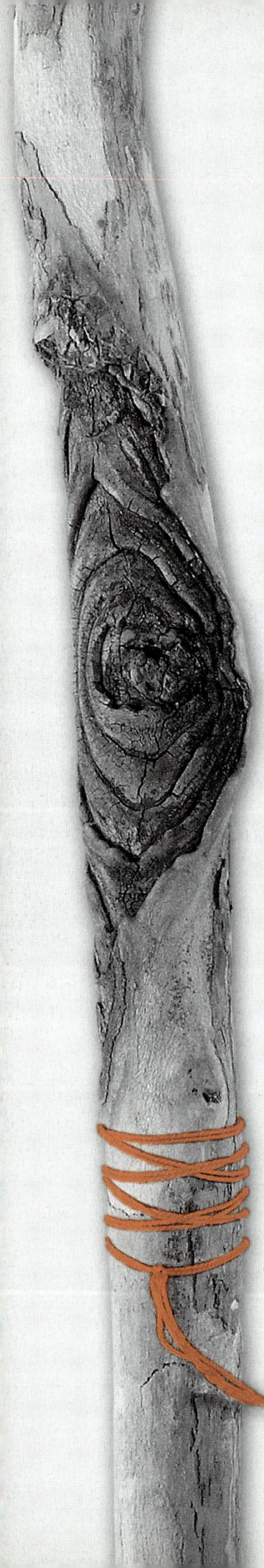

bebend. Vieles fließt hinein, sie erschaffen rote Bilder, die zu mir herüberwehen, mich umhüllen. Träume steigen auf, Visionen brauen sich zusammen. Ihre Augen suchen das weite Land ab, begegnen mir, glänzend, Augen, die mich, Jahrtausende alt, hineinziehen in die Ewigkeit. Als würden ihre Stimmen tief aus meinem Bauch kommen, höre ich sie mir zurufen: „Ziehe deine roten Fäden, umwickle, spinne ein in rote Mäntel, verbinde dich mit der uralten Zauberkraft deines Blutes und webe dir ein rotes Tuch, das dich machtvoll schützen wird. Malt euch gegenseitig einen roten Mond auf die Stirn, ehrt euch lustvoll und stolz." Alles verschwimmt, Steinbilder, Schuppenhäute, Zeichen, Zischen und Brausen fließen ineinander, formen sich neu, ich falle und reite auf roten Wellen in die Nacht. Die Namen der Dunklen Göttin klingen um mich, Hekate, Kali, Tiamat, als würden sie selbst mir den Rhythmus geben, Hel, Nephtys, Lilith... es werden immer mehr, ich stampfe in die Erde, bin in meinem Bauch, tanze in die mittlerweile schwarze Nacht, tanze mich. Mein Blut tropft auf die Erde, ich sinke tief in sie und verbinde mich mit ihr, bis mich langsamere Schwingungen zur Ruhe kommen lassen. Lange schaue ich mir in die Augen, lösche die Kerze, wasche mich und sehe in mir wieder die Junge, die weiße Mondin, ebenso wie tief innen die Drachin und die Alte.

Die rote Jurte der Frauen

Sie liegt abseits, eine kleine rote Jurte, versteckt unter hohen Bäumen. Gleich einem Zelt aus weichen, fließenden Stoffen, kreisförmig, ausgelegt mit Tannenzweigen, Moosen und duftenden Kräutern, verbindet sie sich mit den Wurzeln, dem Geäst, den Stämmen. Im Sommer weht warmer Wind durch rote Seidentücher, zaubert flirrendes Sonnenlicht das Spiel der Schatten auf karminrote Falten. In der dunklen Zeit wärmen tiefrote Wollstoffe, Kissen in Siena und Umbra und Decken, zinnoberfarben mit Stickereien in allerlei Rottönen. Wenn die Mondblutzeit naht, fegen die alten Frauen das Zelt, um die Dämonen zu vertreiben und hinterlassen Lavendeldüfte. Zur Dunkelmondin treffen sich die Frauen, nehmen sich ihre

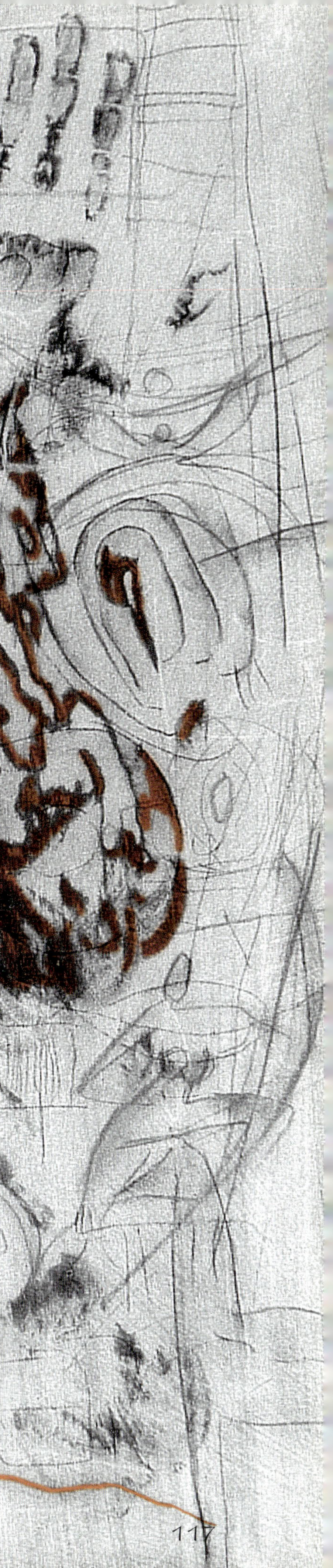

Zeit, eine Zeit der Intuition, der Inspiration, des Träumens. Sie holen sich die Wärme, die sie brauchen, die Ruhe, den Austausch. Es ist eine Zeit zum Erzählen, Lachen und Singen, zum sich Begegnen. Sie geben sich dem Duft von Erde und Holz hin, häuten sich und bluten ins Moos. Nichts muss getan werden, die Stunden fließen dahin in weichen Wellen. Mondblutfluss. Rote Speisen in großer Vielfalt finden sich auf der Tafel, Johannisbeerlikör, der aussieht wie flüssige Rubine im Sonnenlicht, rote Bete, Erdbeeren, Kirschen, Blutorangen, je nach Jahreszeit, roter Paprika, Feuriges und vieles mehr. Bald wird eine neue Frau dazukommen und zwei der Frauen sind auf dem Weg zum Großmutterclan. Große Feste stehen an. Einige färben in der Hütte Fäden, Stoffteile, Wolle und etliches mehr mit ihrem Blut. Mächtige Zauberdinge, Blutfäden, mit denen sie etwas binden können, aus denen sie Lebenszusammenhänge neu weben können. Der durch die Landschaft mäandernde Fluss nimmt alles mit, wäscht alles ab, nur das nicht, was für eine Gewicht hat. Das rote Zelt der Frauen ist ihr Geheimnis, sie hüten die Dinge, die darin stattfinden, denn viele haben Angst vor der Macht der Frauen und ihrer Mondblutzeit. Es ist eine sinnliche Zeit mit vielen Geschichten, viel Muße. In dem sie umgebenden Garten wachsen verschiedenste Blumen, die die Frauen gepflanzt haben für all diejenigen, die sie lieben, die ihnen wichtig sind. Weiße Lilien für eine Freundin, einen violetten Frauenschuh für eine Großmutter, eine Sonnenblume für die Geliebte, Blumen für Patinnen, Ahninnen, Mütter, Wegbegleiterinnen. Die Mondpflanzen werden einmal im Monat gegossen mit Mondblut, anknüpfend an die lange Reihe derer, die ihre roten Tage feierten. So verbindet sich ihr Blut mit der Erde, in alter Frauenlinie, nährt die Pflanzen und strahlt ihnen als ein Teil ihrer selbst durch die Blumen entgegen. Die Frauen erleben ihre Schöpferinnenkraft, sie wissen, dass sie mit jedem

Zyklus etwas in ihr Leben rufen können, eine Idee, ein Kind, eine Vision ... Die Frauen sprechen darüber, was sie in ihr Leben hineingebären wollen, was sterben soll, wo ihre Energien hingehen, was jede nähren will im kommenden Zyklus.
Sie erzählen sich ihre Träume, die sie gegenseitig befruchten und tauschen sich aus über die Veränderungen, die anstehen. Im Wissen um ihr Blut als magischer Substanz finden sie den Zugang in andere Welten, stolz, sich die Kraft ihres Blutes zurückgeholt zu haben. Mit ihrem Blut nähren sie die Pflanzen, geben es zurück an die Erde, ziehen einen Schutzkreis ums Haus. Es ist noch nicht so lange her, dass es die rote Jurte der Frauen gibt, dass sie wieder ihre Drachenzeit feiern, ihr Blut ehren, die Verbindung von Leben und Tod. Sie würdigen sich in ihrem Frausein und bemalen sich mit ihrem Blut im Schutze der Göttin. Der Kreis schließt sich, für die Spanne eines Mondtanzes versiegt Rot, auf weißen Schwingen fliegen sie zu einem neuen Tanz.

Die Drachin leben

Wie jede ihre Mondblutzeit zelebriert ist unwichtig, Hauptsache, wir nehmen uns den Raum, den wir brauchen, in dem wir uns Gutes tun so weit es der Alltag zulässt, wir erlauben uns fauchend, unleidlich zu sein und vergegenwärtigen uns, dass wir selbst die Entscheidung immer wieder neu treffen, was geboren, was gestorben werden soll. Frauen, die auf die Zeit der weisen Alten zugehen, könnten noch viele Fäden und Sonstiges mit ihrem Blut tränken, um einen Vorrat zu haben für das, was eine vielleicht später noch vorhat.

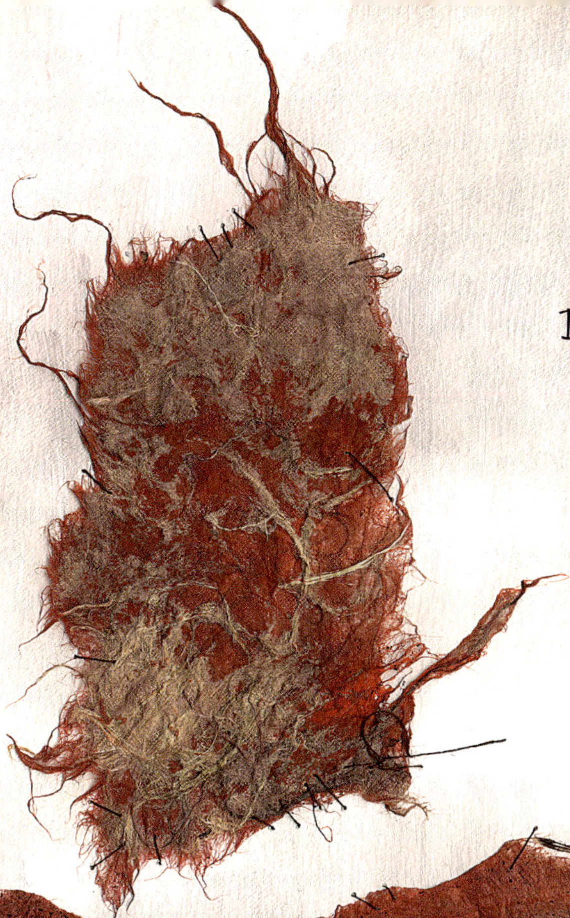

Die Magie der Mondin

Wenn mein Blut im Zeichen
der Dunkelmondin fließt,
sehe ich den Zug der Vögel,
Wanderungen, Wachstum.
Selbst ein Teil des großen Zyklus,
umspült mich Flut
im nächtlichen Sand.
Ein rotes Blumenmeer
fließt aus mir, j´ai mes fleurs,

und alles ist Lust und alles
ist Ewigkeit, ist Wasser, ist Tiefe.
Wenn mein Mondblut mir
das Geheimnis der Verwandlung
schenkt, häute ich mich,
schlangengleich, wenn ich mich,
in der Verschmelzung von Tod
und Wiedergeburt erneuere,
finde ich, in tiefem Wissen,
die Zeit, die Hoffnung
und die alte Kraft.

Übergangsstellen

Wenn es wichtig wird, durchlässiger zu werden, begebe ich mich an Stellen, die mir die Qualität von Übergängen zeigen. Es sind Bereiche, an denen sich zwei Kräfte, Energien, Formen begegnen, an denen sie ineinander übergehen. Den Flusslauf hinunter spüre ich dorthin, wo die Zwischenreiche sind. Das Wasser löst an einer Stelle Eisen, verfärbt sich, nimmt auf. Es höhlt den Stein aus, löst ihn auf, unmerklich, aber viele Vertiefungen zeugen davon. Schalensteine, in denen sich Wasser fängt, erwärmen und halten es, gemeinsam lassen sie Moose und Algen entstehen. Sie beeinflussen sich gegenseitig, verändern sich. Mein Körper, halb im Wasser, halb auf den warmen Steinen, spürt die Energien beider gleichzeitig. Da ist die Kühle, die Bewegung, sind die Geräusche, so wie die Wärme, das Tragende, Unnachgiebige. Meine Haut passt sich an, gibt Wärme ins Wasser ab und Kühle an den von der Sonne aufgeheizten Stein. Die alten Bäume schlingen sich mit ihren riesigen Wurzeln um Felsen, halten kleinere Steine fest. Sie sind umwachsen, untrennbar miteinander verbunden, der Fluss spült sie nicht mehr weg. Die Form der Felsen beeinflusst das Wachstum der Wurzeln, drückt sich ein, hinterlässt Spuren. An Übergangsstellen

verändert sich vieles, Farben und Formen, Texturen, Geschwindigkeiten, Energien. Mit meinen Fingern spüre ich dem Weg der Wurzeln nach, wandere dorthin, wo sie in die Erde gehen, abgeben, aufnehmen, sich befruchten. An Uferbereichen sitze ich, den großen Übergangsstellen-Lehrerinnen und nehme die Berührung von Wasser und Erde auf, während die festen Grenzen verwischen. Je länger ich im Zwischenbereich spaziere, desto mehr lösen sich die von mir so selbstsicher gezogenen Grenzen auf. Die Bereitschaft, aufzunehmen und abzugeben wird stärker. Wasseroberfläche, in der sich die Wolken spiegeln, die das Sonnenlicht reflektiert, mein Atem, der im Wasser nach oben perlt und sich mit der Luft vereinigt, all das bindet mich ein ins Universum. Trennendes hebt sich auf. Der Fluss fließt in eine dunkelgrüne Schlucht und verschwindet in den Felsen. Tosend stürzt er in die Tiefe. Im Inneren des Berges wandelt er sich, spült Höhlen aus, wird gebremst und weit entfernt verlässt er das Bergmassiv wieder, ruhig und klar.
So sitze ich an der Austrittsstelle, berühre den weichgespülten Felsen, lege die Handoberflächen auf das Wasser. Die ersten Regentropfen fallen, springen auf dem Fluss. Ich werde warten, bis ich nass bin.

Steine stellen

Im Flussbett der wilden Ammer wandere ich entlang. Flüsse und Steine haben für mich eine besondere Bedeutung. Beim Waten in Flussläufen, auf Kiesbänken, wenn ich, barfuß mit den Füßen sehend, von Stein zu Stein springe, versuche in der Strömung zu stehen und die runden, manchmal glitschigen Kiesel unter mir ertaste, erfühle ich das Thema eigene Balance und Standfestigkeit. Auf einer Steininsel im Fluss lege ich mich nieder und lasse mich wegtragen vom Perlen und Rauschen des glitzerndes Flusses, der um mich herum strömt. Er nimmt meine Gedanken, die Unrast mit und mehr und mehr gleitet mein Geist gleichförmig mit dem Fluss, der durch mich hindurchzufließen scheint. Die Ammer erzählt mir Geschichten von Steinen, dass man jeden Stein auf den anderen stellen kann, wenn man den beiden Steinen genug Zeit gibt, sich aneinander zu gewöhnen. Sie lockt mich, Steine zu stellen, mich der Zeitlosigkeit hinzugeben, dem Geist der Steine zu begegnen. Es dauert lange, bis ich meinen Platz gefunden habe, den Ort und Untergrund, auf dem ich bauen will. Ich möchte ihn sorgsam auswählen. Wenn ich dann die Steine behutsam ausbalanciert habe, stehen sie, wie wenn sie so und nicht anders zueinander gehörten. Ich bin konzentriert und gleichzeitig entspannt, lasse mir mit den Steinen Zeit. Das Murmeln und Singen des Flusses im Hintergrund lässt mich immer ruhiger werden. Wenn die Steine im Wasser stehen, habe ich das Gefühl, auch in mir etwas ausbalanciert zu haben und diese Kraft an den Ort weiterfließen zu lassen.

STRÖMENDE STEINE
LASSEN ZEIT UND WEG ENDEN
ALLES IST IMMER

Drachenberg

Am Fuß des Monte Errero sitzen wir, sehen auf den alten Zauberberg mit seinen Gräbern, Schalensteinen und dem Rundplatz oben. Wir spinnen uns ein in Geschichten, finden im Singen, Reimen und Umbenennen neue, alte Worte, die Durchgänge öffnen. Als ob sich auf einmal alles lichtete, sehen wir sie, die Drachin. Nie zuvor ist es aufgefallen, der Monte Errero ist eine Drachin, steinern, riesig. Wir beginnen, zu ihren Füßen eine große Steinspirale zu legen, in deren Mitte wir uns tanzen. Dann besteigen wir sie, gehen zu ihren Nüstern und schmiegen uns auf dem Ritualplatz, am höchsten Kopfpunkt, an sie. Mit Rauch und Schnaps feiern wir unsere Begegnung. Wir sehen auf die fernen Bergketten im leichten Dunst, auf das goldene Land und, als würde sie anfangen sich unter uns zu bewegen, schaukeln wir sanft davon.

Die Drachin erwacht, gerufen von den Frauen. Sie zeigt sich, wenn die Töchter der Mondin die Augen öffnen und furchtlos auf ihrem Weg bleiben. Manch eine, die die Sehnsucht dahin treibt weiter zu gehen, sich tiefer einzulassen, findet zu den Vergessenen, unsichtbar Gewordenen. Auf dem Nabel der Erde stehend, sich auf die Mütter besinnend, holt der Wunsch nach Heilung, nach den Anfängen die Drachinnen. Die alte Sprache bringen sie, die Nacktheit, die Verbindung zu den Körpern und den Tanz der Finsternis, der unsere Seele erhellt. Jenseits von vertrauten Begrifflichkeiten, von schön, von jung stehen sie, lassen neue Worte erklingen, neue Formen entstehen. Im Alter lassen sie uns die Schönheit entdecken, in den Falten die erotische Kraft.

Und endlich wache ich auf, besteige das Windpferd und lasse mich hinaustragen in die Weite des Raums.

Wächterinnen

Sie sind mir an unterschiedlichsten Orten und in vielerlei Gestalt begegnet, friedlich, zornvoll, mächtig und alt, getarnt, oft fremd und unnahbar. Ich habe sie gefunden in Steinen, Bäumen, in einsamen Berggegenden, vor dem Supermarkt und ihre Botschaften waren verpackt in Worte, Träume, Begegnungen, Abfall, scheinbar Sinnlosem. Oft habe ich sie in Eingängen, Erdspalten, Türöffnungen , Mauerlöchern gesehen.
In verlassenen Häusern oder Geisterdörfern, wenn alles ruhig ist, nur die Lieder der Vögel und der Atem des Himmels zu hören sind, zeigen sie sich mir gerne. Sie warten, bis ich bereit bin, unendliche Zeiten, sitzen an den Toren der Bewusstwerdung, stellen mir ihre Fragen, lassen mich warten, wenn die Zeit noch nicht reif ist, ich keine Antwort finden kann und öffnen mir das Tor in nicht gekannte Bewusstseinsbereiche, wenn ich die Antwort gefunden habe. Manchmal brauche ich nichts zu sagen, ein anderes mal erkläre ich, was meine Aufgabe ist, dann wieder lege ich einen Stein an eine andere Stelle.
An Punkten, an denen es kein Zurück mehr gibt, helfen sie mir, meine Geheimnisse zu entschlüsseln und führen mich durch die Tore, die immer weiter nach innen aufgehen. Was sie dafür verlangen? Mich meiner Wirklichkeit zu stellen, meinen Weg unbeirrt zu gehen, es zu wagen, das Unüberwindliche anzugehen, bereit zu sein für Wandel, für Verwandlung, für den Fluss des Stirb und Werde.

Hüterin des Tores zur Anderswelt,
Öffnerin des Tores zu Eigenmacht,
zu Würde und Weisheit, dir opfere ich
die Ungeduld und Ängstlichkeit.
Im Feuer der Achtsamkeit
verbrenne ich meine Vorstellungen,
bis ich ruhig und klar durch alle Tore
nach innen gehe.

Bilder, die in den

Hunderte von Jahren alte Steineichenbalken türmen sich auf, Bauschutt, mit dem ich arbeiten will. Sie sind alt, gezeichnet, voller Geschichte. Aus den Eichenwäldern der Dörfer geholt, trugen sie zweihundert Jahre lang das Dach eines Hauses. Es ist eine harte Arbeit mit Schleppen, aus der Haut fahren, Schweiß und Blut. Von Holzwürmern angenagt, zerfressen, teilweise angebrannt, liegen sie in meinen Händen. Gerne arbeite ich mit Abfall, scheinbar sinnlosen Dingen, die für andere keinen Wert mehr haben und fülle sie mit neuem Sinn. Müllhalden, Schuttplätze, Abrisshäuser sind wahre Schatzorte. Ich schnitze an den Balken rum, arbeite mich zu dem heilen Kern vor, lege frei, hole Formen heraus. Es ergeben sich Vertiefungen, Wellen, Erhöhungen wie Brüste, Vulven. Beim Bemalen schmiegen sich Frauenkörper in die Holzformen, Ornamente ranken sich nach oben und verknüpfen sich in Wellenbewegungen zu Geschichtenfragmenten. Die Arbeit ist erdig und

Himmel ragen

körperlich anstrengend. Ich sitze auf den Balken, umkreise sie, kauere oft stundenlang um sie. Ein Teil von mir fließt hinein, ich fühle mich erschöpft und gut dabei.
Meine Kultpfähle stelle ich im Garten auf, einer geht an einen besonderen Platz in den Bergen, einer steht vor dem Tor des Hauses. Von den Leuten des Dorfes werde ich gefragt, was die Stele zu bedeuten hat, denn so wie sie aussieht, müsse sie sicher was zu bedeuten haben. Spontan sage ich, dass sie ihre Gedanken an den Pfählen, den Bildern und Farben hochklettern lassen können. „Bis in den Himmel", meint Maria, „denn am Ende des Balkens fliegen sie weg." Lachend spinnen wir unsere Gedanken weiter, wobei Maria schamanische Techniken aus dem Ärmel zaubert. Wenn ich seitdem vom Küchenfenster aus sehe, wie Leute stehen bleiben und die Stele betrachten, muss ich leise lachen bei dem Gedanken, dass ihre Gedanken am Ende plötzlich Flügel bekommen könnten.

Von der Kraft der Steine und ihren Namen

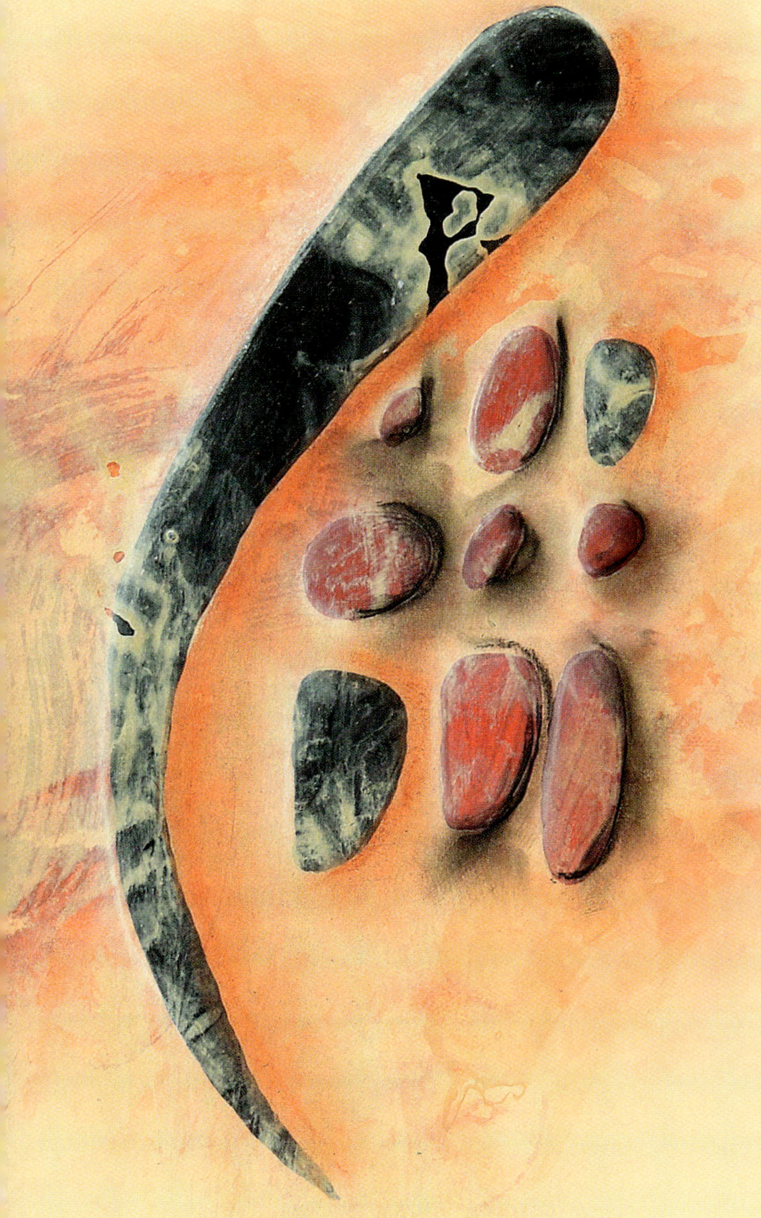

Steine liegen auf dem Weg, begegnen uns mit ihrem ganz eigenen Charakter, verstecken sich und wollen sich suchen lassen, drängen sich auf. Manche sind behaust. Ab und an treffe ich auf Steine, die mitgenommen werden wollen. Wenn ich beginne, den Adern nachzuspüren,
die Zeichnung und Farbigkeit zu betrachten, die Oberfläche zu erfühlen, die ihm innewohnende Kraft auf mich wirken zu lassen, finde ich die inneren Bilder des Steins. Während ich Gesichter, Gestalten, Symbole entdecke, erspüre ich seine Wesenhaftigkeit. Viel von meiner Energie fließt hinein, verbindet sich mit der Energie des Steins, der ein starker Wächter- oder Kraftstein für mich sein wird. Wächtersteine lege ich an Eingänge, vor die Haustüre, an Fenster oder Plätze, die ich geschützt wissen will. Von Zeit zu Zeit setze ich mich zu dem Stein, betrachte und berühre ihn, summe für ihn und vergegenwärtige mir seine Schutzkraft. Manchmal verschenke ich die Steine an Freundinnen und Geister, lasse sie bei Ritualen weiterziehen oder verabschiede mich, wenn sie wieder gehen wollen.

Besonderen Steinformationen oder Steinen gebe ich Namen. Wenn ich um sie herumtanze, mich an sie lehne oder sie berühre, tauchen ihre Namen auf. Es ist der „Stein der Jaguarsonne", der „Nachtigallentempel" oder der „Stein der Geistkönigin". Unerwartet klar, langsam, leicht flüchtig, jeder Name kommt anders.
Die Findung der Namen zelebriere ich mit dem Stein, indem ich ihn schmücke und seinen Namen tanze.

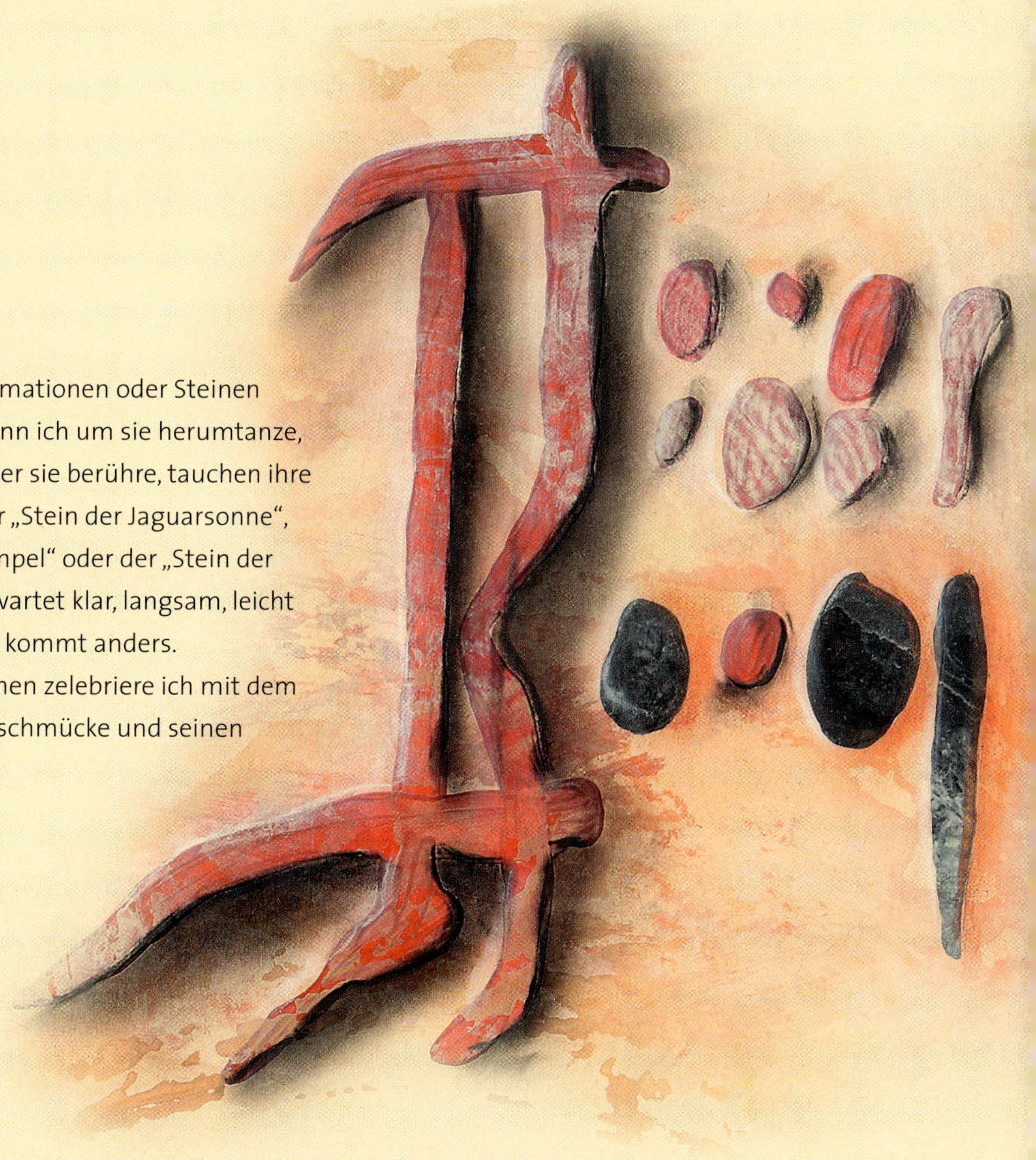

Lebensmuster

Spinnenfrau hat mich das Weben gelehrt. Und seitdem binde ich Geschichten in meinen Teppich ein, verknüpfe Vergangenes mit Zukünftigem, fädle Träume auf und nähe Antworten dazu. Einst eine kleine Matte, ist es jetzt ein großer bunter Teppich. Spinnenfrau hat darüber gesprochen, wie reich unser Leben ist, über die Möglichkeiten es zu gestalten, mit schönen Mustern, ausgefallen, vielfältig. Lebensmuster, eigenartig ab und an, wollen gewebt werden, ausgedrückt sein in Formen, Farben, in einer selbst gefundenen Sprache.
Fäden in unseren Händen, Geschenke oft in prachtvoller Farbigkeit, selbst hergestellte, gesponnene, Fäden aus altem Wissen, aus verschiedenen Lehren schlingen sich ineinander, um Lebenszusammenhänge neu zu weben.

Auf staubiger Erde, kurz vor Sonnenuntergang , ein langes Stück Weg hinter mir, sitze ich auf meinem Teppich, öffne mich der Weite und blicke die Straße entlang. Roter Felsstaub, vom Wind aufgewirbelt, ausgetrocknete Kakteenlandschaft, Abendhitze. Die Spinnenfrau sucht mich auf, nimmt neben mir Platz auf dem Teppich, begutachtet meine Webkunst. Sie will wissen, wo die Begegnung mit den Mustern aller anderen ist und erzählt, ihr Wissen teilend, von der Wichtigkeit des Zusammenklanges. Ein bisschen weiter werde ich mich verspinnen, Erfahrungen, Erkenntnisse verweben. Über schöne bunte Lebensmuster lächelt sie, über Löcher und Fehler zieht sie ihre feinen festen Fäden, verankert manches und lässt es dabei doch da sein, in seiner ungeschickten Form. Mein Teppich muss nicht perfekt sein. Manchmal streiche ich liebevoll über die Unregelmäßigkeiten, über Knoten und holprige Muster, die eingebunden sind in meinen großen Teppich. Es wird Nacht, ich packe alles zusammen und mache mich auf, um einen Schlafplatz zu suchen. Ich liege am Feuer, auf meinem Teppich, der mir Schutz, Trost und Kraft gibt und finde ihn schön, so wie er ist.

Schamaninnenlachen

Ein goldener Herbsttag, ich sitze mit einer Freundin aus dem Großmutterclan in ihrem Garten, genieße die Wärme, die Herbstdüfte, die vorbeiziehenden Wolkenbilder. Wir wollten weg, zum Tanzen, Einkaufen und einiges mehr. Aber die Termine haben sich verflüchtigt, es blieb nichts mehr übrig von den Verpflichtungen. Zeit ist auf einmal da und nach einer ersten kurzen Irritation lassen wir es genussvoll laufen. Die abendliche Kühle lässt uns ins Haus gehen, etwas Holz in den Ofen schieben und in die Dämmerung hineinspinnen, mit Brot und Wein. Wir fangen an zu trommeln, tief aus dem Bauch kommen die Rhythmen. Unser Gespräch setzt sich fort in Trommeldialogen. Fragen, Antworten, die Djemben beginnen zu reden. Dazwischen vermischt sich Komisches mit unserem Lachen, Johlen, Girren und Trillern. Irgendwann trommeln wir überall herum, auf dem Tisch, den Gläsern, Flaschen, mit Löffeln, Stiften, Hölzern. Unsere Gesichter wandeln sich, werden älter im zunehmenden Zwielicht. Gemeinsam reisen wir in eine andere Zeit.

Die heilige Clownin

Wir finden uns wieder als zwei alte Schamaninnen aus weit auseinanderliegenden Dörfern, die sich einen seltenen Besuch machen, aus dem immer eine besondere Begegnung wird. Wir erzählen uns mit Tönen, in Worten, tanzend, mit Vorführungen, was wir seit unserem letzten Besuch gewirkt haben. Wir erlauben uns auch, unflätig zu werden, witzeln ganz unheilig, fangen an zu lärmen und grölen, wenn uns danach ist. Und dann bekommen wir manchmal weiteren Besuch. Die heilige Clownin gesellt sich zu uns, erzählt und lacht mit uns. Die, die so lächerlich und abgetakelt zu hohen Festen kommt, wenn alle Würde erwarten, die immer in die falsche Richtung geht, wenn die Richtung zu wichtig wird, deren Hund das heilige Feuerholz annagt und die Ordnung stört bei Zeremonien, die nur mehr aus Ordnungen bestehen. Einmal hat sie meine Lehrerin gespielt, als ich meinte, unbedingt eine zu brauchen, hat mir lauter Mist erzählt, so lange, bis ich keine Lust mehr hatte, die Verantwortung abzugeben und wieder bei mir landete. Sie freut sich über unser Stelldichein, tanzt durch die Küche mit ihrem Schwirrholz und ihre Augen, so schön und tief und alt wie die von Kröten, blitzen und lachen. Wir ziehen alles durch den Wind und über alles her, springen auf Tische und Bänke und genießen das Leben. Nichts ist lächerlich, nichts ist uns peinlich, wir erlauben uns alles. Ein großes Lachen ist im Raum, in uns, wir fühlen uns steinalt, kraftvoll und unendlich frei.

Begegnung mit der Geierin

In den Ausläufern der kantabrischen Berge ist der geheimnisvolle Dulla, Hexenberg. Schwer zugänglich liegt eine Hochebene mit Tälern, Baumkreisen und Steinhügeln, Vertiefungen mit Bäumen und üppiger Pflanzenwelt, abgeschirmt von den starken Winden. Es ist einsames Wolfs-und Geierland.
Kein Geräusch ist zu hören, nur das Brausen des Windes.
Am Anfang finde ich einen größeren Stein, der mich sehr stark anzieht und aussieht wie eine Geierskulptur. Ich stelle sie auf und beschließe, das Abbild der Geiergöttin mitzunehmen.
Trotz der Schwere will ich sie nicht zurücklassen, da ich befürchte, sie auf dem Rückweg in dem Steinmeer nicht mehr zu finden. Behutsam trage ich sie endlos über das Hochplateau, finde Knochen und plötzlich sehe ich am Ende des steil abfallenden Felsens eine Vielzahl von Geiern. Von dort lassen sie sich in die Tiefe fallen, ziehen ihre weiten Kreise. Riesig sitzen sie beisammen. Einige fliegen auf, schweben langsam auf mich zu, drehen wieder ab. Lange beobachte ich sie und spüre die Kraft der mythischen Geierin an meiner Seite. Sie zeigt mir was vom Geist der Geier. Kühle Sturmwinde holen mich zurück, ich beginne mit ihr den langen Weg zur Abstiegsstelle. Sie führt mich zu einer Art aufgeschütteter Steingräber im Kreis. Dort, wo sie von weitem zu sehen ist, stelle ich die Geierin ab. Ich gehe zu einem Baumplatz und wenn ich mich nach ihr umsehe, wird sie machtvoller, eine alte Wächterin. Immer deutlicher zeichnet sie sich gegen den Horizont ab. Eine Jahrhunderte alte Eiche umfängt mich mit ihren mächtigen Wurzeln, den Stürmen trotzend. Warm umhüllt und geborgen liege ich zwischen den Eichenwurzeln und singe mit dem Wind, der um uns saust, meine Haare zaust und die Gedanken aus dem Kopf bläst. Von weit her blickt mich die Geierin an und es ist, als ob vieles von mir abfiele, sich auflöse, in die Erde sinke, als zerfalle ich selbst in Staub und Asche, die der Wind fortweht. Ich lasse los und weiß, dass ich die Geierin auf dem Steinhügel lassen werde.

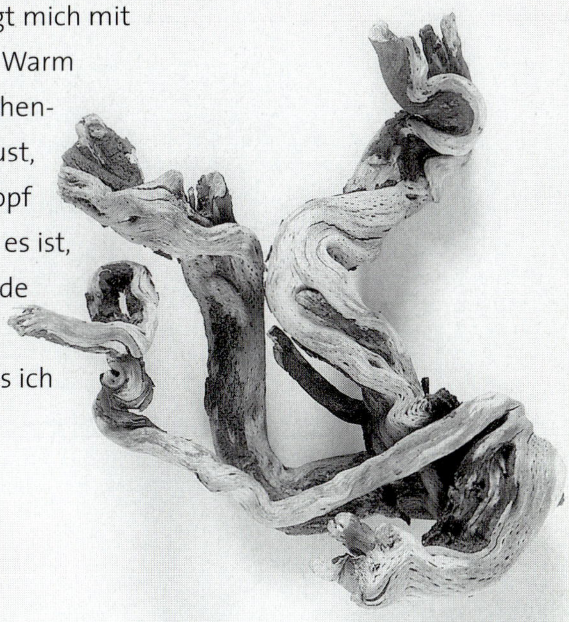

Die Zeit der Ahnungen

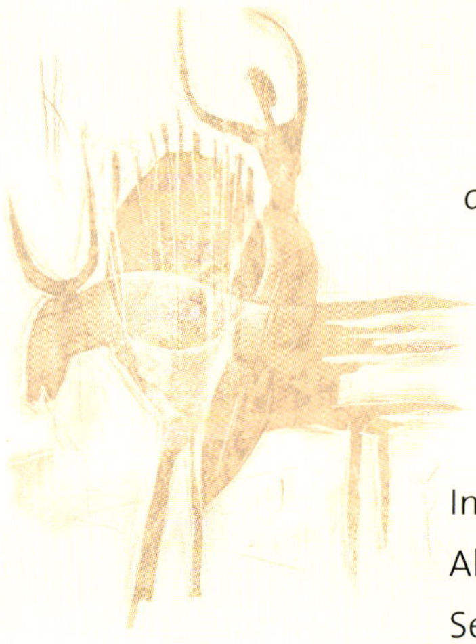

Wenn der Geruch später Kartoffelfeuer in der Luft liegt,
durch die Nebel viele Gesichter und Möglichkeiten aufblitzen
und wieder verschwinden,
zeigt sich der Weg des inneren Feuers,
der Ahnungen, der Ahninnen.

In der Erinnerung an die letzten wärmenden Strahlen des Altweibersommers sind wir unterwegs, drei Novemberfrauen, Seelenschwestern auf unserem Weg über die rauchige, dunkle Erde. Wir treffen uns zur Zeit der Dämmerung an unserem Herbstplatz. Es ist kühl. Wir legen uns Decken um die Schultern, rücken nah zusammen und geben uns die Hände. Die Blicke beginnen sich zu lösen und gleiten ins Reich zwischen den Dingen. Die wenigen Farben verschwimmen nebelhaft ins Grau, die Hände werden zu Feuer, das sich in unserer Mitte entzündet, langsam zu züngeln beginnt, knistert. Wir spielen mit unseren Händen, die sich finden, ineinanderschlingen, wieder lösen in der Feuermitte. Der Wind fährt hinein, lässt die Flammen auflodern. Flüstern, Wortfetzen, ein leises Lachen, Ahnungen, Zischeln, Bilder, Feuernahrung. Eine Geschichte taucht auf im Feuer. Mea folgt den Bildern, geht auf Reisen und erzählt von der Sonnenreiterin.

Der Ruf der Sonnenreiterin

Immer wenn es Herbst wird, die Tage kürzer und lange Nächte am Feuer einen zu sich selbst führen, ist es möglich ihren Ruf zu hören. Ein langgezogener Ton, golden, der an den Sommer zurückdenken lässt, an die Kraft der Sonne, an Hitze und Energie. Man fühlt sich gerufen, erfüllt von dem tiefen Wunsch nach Wärme. In den lodernden Flammen taucht ihr Bild auf, der Sonne entgegenreitend auf einem mächtigen Feuerpferd. Wie im Tanz breitet sie die Arme aus und umkreist die Sonne, beginnt sie zu umschlingen, fängt sie ein, wird

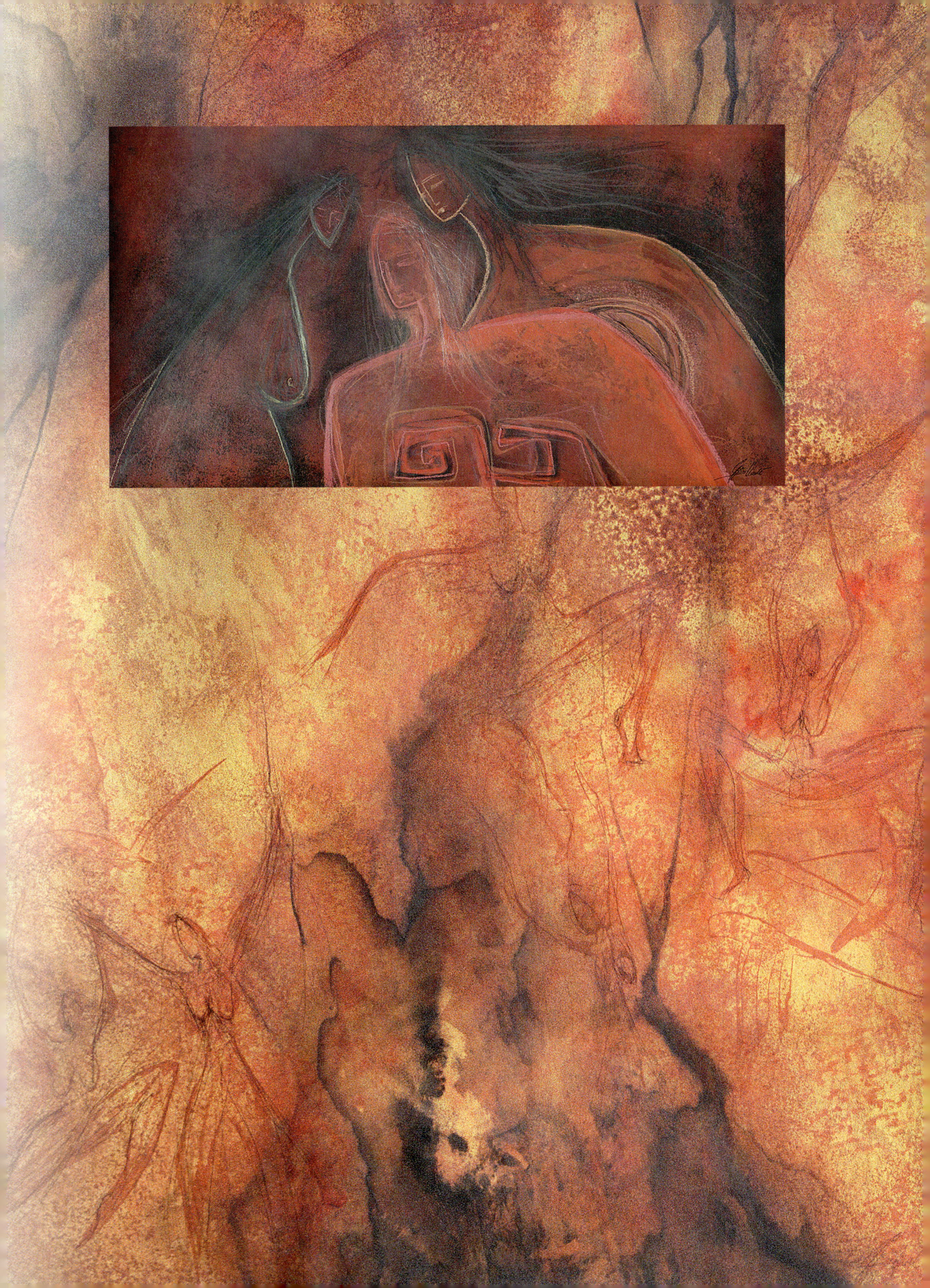

Feuerball, wird selbst zur Sonne. Die Zeit dehnt sich im Spiel der Flammen, wenn sie den Sonnentanz tanzt. Gold wird ockrig, rötlichbraun, tiefrote Glut im Zentrum der Sonnenreiterin. Sie lehrt uns, die Sonne einzufangen, das Feuer in uns zu entzünden, auf dieser Kraft zu reiten und im Frühling das wilde junge Feuer immer wieder neu zu gebären.

Noch einmal war die kraftvolle Zeit des Sommers da, jede knüpfte an ihre Erinnerungen an, spann den Faden wieder zum Feuer, zu den sie umgebenden Novembernebeln.
Die Hände tanzen als hell leuchtende Flammen, geben Wärme, verglimmen, wabern als Glut weiter, flackern auf, entzünden sich neu. Die Kartoffeln im Feuer erwärmen sich langsam, speichern Hitze, werden Seelennahrung sein. Leise Stimmen, begleitet von Kartoffelduft, lösen sich auf im letzten Glühen. Funken fliegen vereinzelt, in der Glut knistert es noch, bis schließlich das Feuer verlöscht. Asche, Rauch, Nebel und Herbstkühle, was bleibt, ist ein inneres Feuer.

Verbindung aufnehmen zu meinem alten Wissen,
den Ahninnen. Mich in mich versenken
und tief in mir alles Lebensnotwendige finden.
Sonne sein, mich wärmen, Herd sein,
und ruhig dem Winter
in seiner vielfältigen Form begegnen können.

Patinnen

Altkastilien, karges raues Land, Land meiner Sommer, meiner Bilder. Ich will einen Platz für die alten Frauen des Dorfes errichten, um sie zu ehren. In der Dehesa, dem Steineichenwald der Dorfgemeinschaft wird er sein, einem verwunschenen Wald mit Bächen, Felsengräbern unter Farnen, vermoosten Steinplätzen. Es ist ein Ort, der allen gehört, Holz und Waldfrüchte für den Winter liefert, den Schafen und Kühen Schatten- und Wasserplatz ist. An einem lebendig erzählenden Bach, abseits vom Weg, finde ich eine Stelle, die mir gefällt, an der ich einen Kreis gestalte und Symbole auf die Erde zeichne mit Steinen, Blättern, Zweigen und Mehl.

Der Platz ist für Pilar, die Schwarze, Einfache, die so viel Wissen um den Wandel des Lebens hat, die Lachende, Liebevolle, Humorvolle. Pilar, die nie was für sich wollte, die genügsam am Gold der anderen vorbeigeht. Pilar, Erdfrau, tief Verwurzelte, die allem mit Respekt begegnet und im Alter endlich überredet werden kann, sich Zeit zu nehmen, fürs Kartenspielen und Plauschen mit den anderen Frauen, für sich.
Ich tanze für Angelika, die unbezähmbare wilde Frau. Angelika, die ihr Haupt bettete, wo immer sie gerade war, Herrscherin, die alle im Griff hatte, rau, laut, finster manchmal. Die in Armut zehn Kinder aufgezogen hat, stolz und aufrecht, eine Meisterin der Überlebenskunst und dies an ihre Kinder weitergeben konnte.
Für Tita singe ich, die Fürsorgliche, Zierliche, hart Arbeitende, nie Klagende. Tita, die Spröde, die so witzig sein kann, die alles, was durch ihre Hände geht, auf wundersame Weise wandelt, formt, verschönert, die neben Kühen, Kindern, Feldern, Sorgen, und trotz allem Zeit findet für kreatives Schaffen. Tita, die noch Besen machen kann und ihrem Haus so viel Wärme gibt, die die köstlichsten Wintervorräte anlegt und alle so gastfreundlich aufnimmt.

Feliza, der Alten, Immerschönen, bringe ich Düfte. Der, die so viele Tränen vergossen hat, verkauft, mißbraucht. Feliza, die ihren Vergewaltiger überlebte, sein Geld nahm und sich ein volles Leben erfüllte.

Vicenta, dir male ich ein Göttinnenbild, Mutige, die als Mädchen in die Fremde zog, neugierig, verwegen durch die Welt ging, die gerne schöne Frauen auf Motorrädern durch die Lande fuhr, die mit einem Raben Freundschaft schloss, Abenteurerin in Casablanca, Wagemutige, die Frauen liebte, die ihr Begehren in der Welt aussprach und selbst bestimmt ihr Leben lebte.

Blumen bringe ich Maria, die in einem alten einfachsten Steinhaus lebt, die mit leuchtenden Augen auf über neun Jahrzehnte blickt, lebendig, selbstbewusst. Maria mit ihrer Energie, ihren Lachfalten, obwohl sie oft keinen Grund zum Lachen hatte. Maria, die schwarze Witwe seit jungen Jahren, die sich unter Männern behauptet, die einstecken kann und nicht untergeht. Maria, die Schnelle, Wache, die auf ihr Geld schaut, die kämpfen kann, weil sie es musste. Maria, die Frau der Tradition, die Zufriedene. Maria, die auf sich achtet mit geringsten Mitteln, die so lieb wirkt und soviel Biss hat.

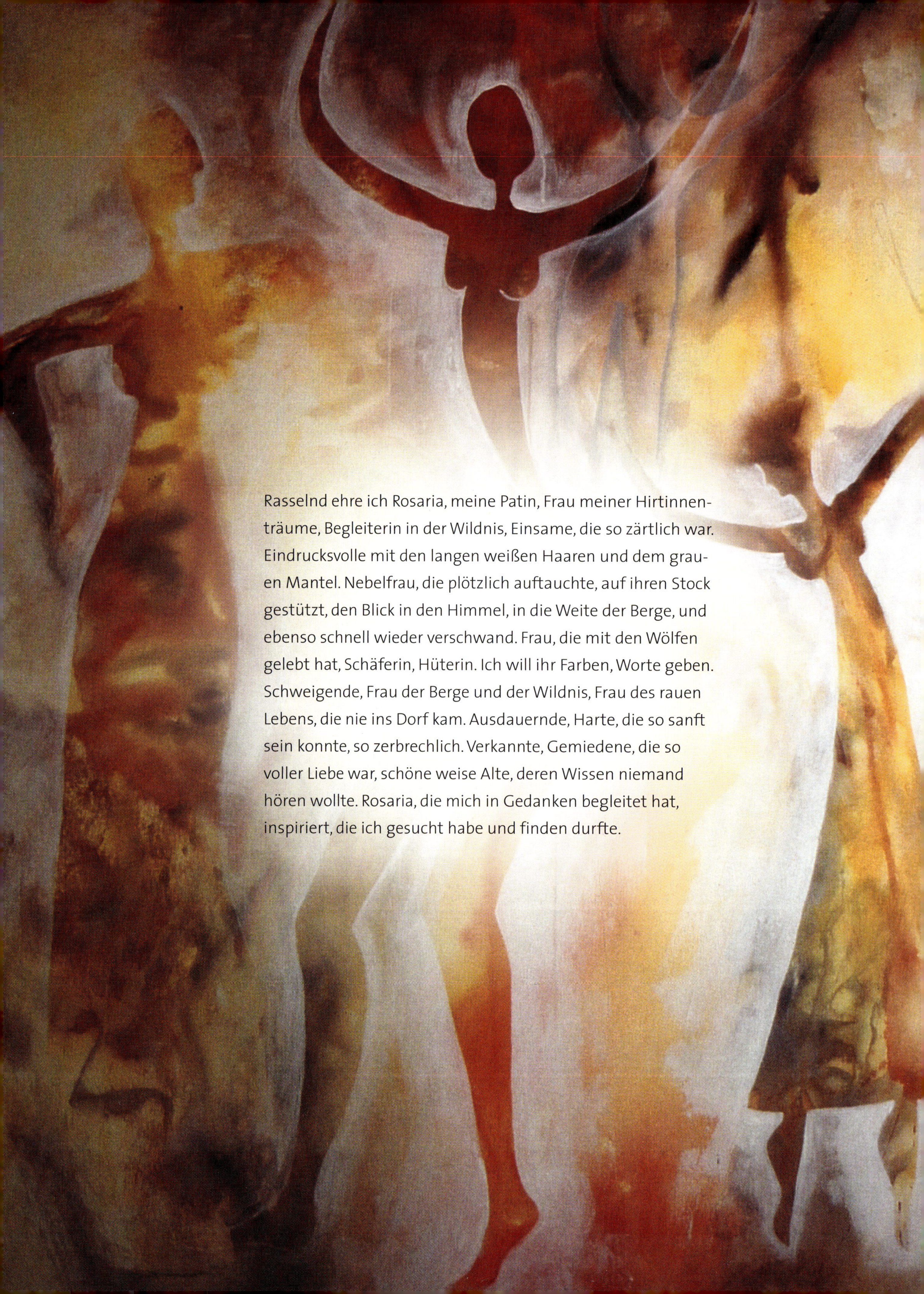

Rasselnd ehre ich Rosaria, meine Patin, Frau meiner Hirtinnenträume, Begleiterin in der Wildnis, Einsame, die so zärtlich war. Eindrucksvolle mit den langen weißen Haaren und dem grauen Mantel. Nebelfrau, die plötzlich auftauchte, auf ihren Stock gestützt, den Blick in den Himmel, in die Weite der Berge, und ebenso schnell wieder verschwand. Frau, die mit den Wölfen gelebt hat, Schäferin, Hüterin. Ich will ihr Farben, Worte geben. Schweigende, Frau der Berge und der Wildnis, Frau des rauen Lebens, die nie ins Dorf kam. Ausdauernde, Harte, die so sanft sein konnte, so zerbrechlich. Verkannte, Gemiedene, die so voller Liebe war, schöne weise Alte, deren Wissen niemand hören wollte. Rosaria, die mich in Gedanken begleitet hat, inspiriert, die ich gesucht habe und finden durfte.

Ein kleiner spanischer Dorffriedhof, umgeben von einer alten Steinmauer. Die meisten Gräber haben eine Marmorplatte vorne mit Namen und Bildern der Verstorbenen, Wachsblumen hinter Glasfenstern schmücken die Gräber. Rosarias Grab hat nichts, nicht einmal ihr Name steht da. Auf meinen Streifzügen in den Bergen begegnet sie mir in vielfältiger Weise und so will ich ihr Wacholder und Haare von den Schafen, Lavendel und eine blaue Eichelhäherfeder bringen, einen Hauch von Bergduft, etwas von dem, was sie ausgemacht hat.
Irgendwann ist es soweit. Ich schlendere durchs Dorf und besuche Rosaria auf dem Friedhof. Niemand begegnet mir, niemand sieht mich. Nebenan arbeiten Leute auf einer Baustelle, sie können aber nicht über die Friedhofsmauer blicken. Stille, das Zirpen der Zikaden in der Mittagshitze. In der Mitte des Friedhofs, der wie ein kleiner Garten wirkt, lasse ich mich nieder. Ich fühle mich wohl und beginne, Rosarias Grab zu schmücken mit Zweigen und meinen Fundstücken. Eine sonnengelbe Wachsblume habe ich gekauft und Bambuszweige mitgebracht, mit denen sanft der Wind spielt. Es sieht sehr eigen aus in seiner Zusammenstellung, so wie auch Rosaria war. Etwas Leichtes, Heiteres kommt mir entgegen. Die Toten um mich wirken auf einmal sehr lebendig, ich fange an zu singen, tanze ein bisschen und finde alles sehr schön und entspannt.

Ich esse, lege ein bisschen was vor die Fotos. Für die Ahnengeister habe ich auch Schnaps dabei, womit ich die Gräber bespritze, summend, mich freue und kichern muss bei dem Gedanken, dass mich die Baustellenleute beobachten würden. Es ist eine wunderbare Weile auf dem Friedhof, so lebendig, mit dem Wunsch, die Ahnengeister zu erheitern und zu erfreuen, mit ihnen zu speisen, ihnen was mitzubringen.

Im Reich der Wölfe

Am nächsten sind sie mir in den einsamen Berggegenden Spaniens. Was für Geschichten ranken sich um die Wölfe, die gejagt, gefürchtet, geachtet und voller Respekt betrachtet werden. Früher sind sie in kalten schneereichen Wintern in die Dörfer gekommen, die Leute waren vorsichtig und auch heute noch tragen die Hütehunde Wolfsbänder mit Stacheln um den Hals, wenn sie mit ihren Herden alleine in die Berge ziehen, damit sie, wenn die Wölfe angreifen, nicht getötet werden. Schon lange hat niemand mehr Wölfe gesehen, die Hunde sind riesige Mastines, aber die Bedenken sind geblieben. Die Alten hatten alle noch die eine oder andere Begegnung mit Wölfen und für alle waren es einschneidende Erlebnisse.
Es gibt ein wildes Wolfstal, durch das ein Tunnel gehen sollte. Alles hat sich zerschlagen, die wenigen, nie bewohnten Häuser sind Ruinen, der Tunnel ist nie befahren worden und mittlerweile verrottet, die Kirche zerfallen und von Efeu überwachsen. Die Natur hat sich alles wiedergeholt. Bäume wachsen in der Kirche unter offenem Himmel, Vögel nisten in der abgebrochenen Empore. Der Putz, schon längst abgebröckelt, verblasste Farben und von Wind und Wetter zerbrochener Stuck machen den Verfall deutlich. Einzig und allein eine alte Fliese im Mauerwerk ist unbeschädigt. Es ist eine Art Wappen mit drei Wölfen darauf.
Graue Felsen überall, weite Berge und das Wissen, dass sie da sind, mich schon längst gesehen haben, beobachten. In ihrem Reich bewege ich mich, finde ihre Spuren. Und wenn der Wind auf den Berggipfeln pfeift, ich das Gefühl habe, umkreist zu werden, ihre Augen auf mir spüre, kommt das Bedürfnis, meinen Kopf nach oben zu heben, leicht zurückgelegt und mit einem langgezogenen melodischen Heulen die Wölfe in ihrer Sprache zu begrüßen.

Wissenshalterin, Hell-Seherin,
Botin · Heldin · mystische
Gefährtinnen und Lehrerinnen.

Lichtsammlerin · Traumhüterin
Amazone · Erinnerin
Sonnenreiterin · Liedweberin
Sternguckerin · Clownfrau · Tänzerin
Weltenbauerin · Drachenfrau ·
Zerstörerin · Medizinfrau
Schwarzmondlachende · Wächterin
Geburtshelferin
Spinnenfrau · Heilerin · Dakini ·
Erdverwalterin
Sonnenuntergangssängerin
Großmutter · Windweberin
Regenbogentänzerin
Zuhörerin · Kesselhüterin · Korntochter
Brückenschlagende
Priesterin · Labyrinthbauerin · Hexe
Feuerentfacherin
Weisheitsträgerin · Formveränderin · Denkerin ·
Lebensspenderin
Rosenzuckerschenkerin · Rotmondtänzerin

Bildweberin · Unheilbannerin
Weiblustige · Spielende · Musenfreundin

Mondblutwandlerin · Schamanin ·

Geschichtenerzählerin · Flammenhüterin ·

Feuerspeierin · Regenmacherin ·

Königin der Nacht · Magierin ·

Zaunreiterin · Visionssucherin ·

Verwandlerin

Mondtochter

Zauberkundige

Liebende

Spinnerin

Rasselfragende

Blutwissende · Geisteskriegerin

Abenteurerin

Wahr-Sagerin ·

Erwachte

Eigen-Mächtige · Todlehrende

Wissensbewahrerin · Jägerin · Flußtrinkerin

Unbezähmbare

Erdenesserin · Sturmgesellin

Freiheitsgebärerin ·

Wasserwilde · Bienenbetörerin ·

Wolfsfrau · Luftreisende

Summkünstlerin · Nestbauerin

Machtrolle · Eigenwillige · Wilde

Lachende · Weise Alte

Tara

OM Ich verneige mich vor Dir und lobpreise Dich, erhabene Befreierin. Ehre sei Tara, der schnellen Befreierin, die Du mit TUTTARE alle Ängste beseitigst und mit TURE alle Wünsche erfüllst. Mit der Silbe SOHA verneige ich mich vor Dir, Tara, deren Weisheitsauge in einem Moment alles erfasst und deren bezauberndes Antlitz wie hundert Herbstmonde leuchtet.
Ehre Dir, deren Gestalt wie unzählige Sterne erstrahlt und deren Hand mit einem goldstengligen, blauen Lotus geschmückt ist.
Ich verneige mich vor Dir, um die sich reines Licht entfaltet.
Ehre Dir, Machtvolle, auf deren Ruf alle Götter erscheinen und sich in Deinen Dienst stellen, die Du mit den Füßen die sieben Welten niederdrückst.
Ehre Dir, die Du in zornvoller Weisheit mitten in rasenden Flammen verweilst. Alle negativen Kräfte vernichtend, verwandelt sich Dein sanftes Antlitz in Zorn.
Vor Dir verneige ich mich, aus deren Krone Lichtkränze strömen, große Freude hervorrufend. Durch Dein machtvolles Lachen und TUTTARE beherrschst Du Maras und Welten, Ehre Dir.
Ich verneige mich vor Dir, die Du in zornvollem Tanz, die Mondsichel auf Deinem Haupt, mit strahlendem Geschmeide, ein unerschöpflicher Quell innerer Freude, die Heere negativer Kräfte gänzlich bezwingst.
Vor Dir verneige ich mich, die Du die Basis des Universums mit einem Handschlag erzittern lässt. Ehre Dir, die Verkörperung von Güte und Freude, von Frieden und Ruhe, alles Elend übersteigend. Mit beiden Füßen aufstampfend, lässt Du die Berge Meru, Mandhara und Bigdje erbeben und erschütterst die Drei Welten.
Ich verneige mich vor Dir, die Du, den Mond mit dem Zeichen der Antilope in Händen haltend, in Deiner strahlenden Rüstung der Freude, Streit und dunkle Träume beseitigst.
Deine Augen strahlen hell wie Sonne und Mond.
Ehre Dir.

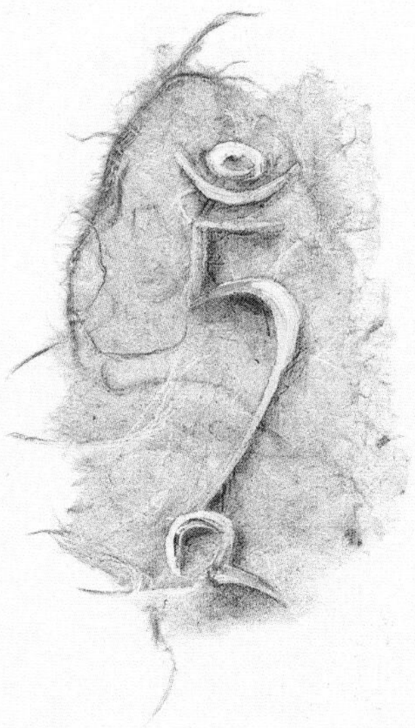

(Frei nach den 21 Lobpreisungen des Mandalarituals der Grünen Tara)

Die Göttin in uns

Mit wallender Haarpracht, nackt, fliegen sie, tanzen im Raum. Himmelsreiterinnen, aus deren Augen überschäumende Leidenschaft lodert. Wild und unbezähmbar stehen sie vor uns, bereit, uns ihr Wissen zu geben, wenn wir uns darauf einlassen. Machtvolle Gestaltwandlerinnen sind sie, Meisterinnen im Wissen um Erde, Feuer, Wasser, Luft und Raum, sowie den Körper. Korallenrot Tanzende, die du die erleuchtete Weisheit verkörperst, klar, frei und unbezähmbar. Wilde, die sich in einem Feuerkreis bewegt, geschmückt mit einer Kette aus Knochen und Edelsteinen. Befreierin von Geistesgiften. Du reichst die Schädelschale, die gefüllt ist mit dem Nektar der Unsterblichkeit. Eine Krone aus Menschenschädeln ziert dein Haupt. Smaragdgrüne, die die Heilung der Medizinwälder bringt, rasende Rote, die du die Schädeltrommel spielst. Königin, deren Macht aus Glückseligkeit und Freude entspringt. Kühne, die gerne auf Verbrennungsplätzen, Straßenkreuzungen, in einsamen Höhlen und abgelegenen Orten lebt. Himmelsblaue, die mit dem Sichelmesser tanzt, Negativität und Illusionen zerschneidend. Vor uns stehst du, erotisch, wild, glückselig. Und während du dich in Licht auflöst, verschmilzt du mit uns. Einssein, die eigene Gestalt, die zum Körper der Göttin wird. Selbst die leuchtende Erscheinung der Göttin sein, in Bewusstheit, mit Vajrastolz. Selbstbilder wandeln sich und unser unglaubliches Potential kann aufblühen.

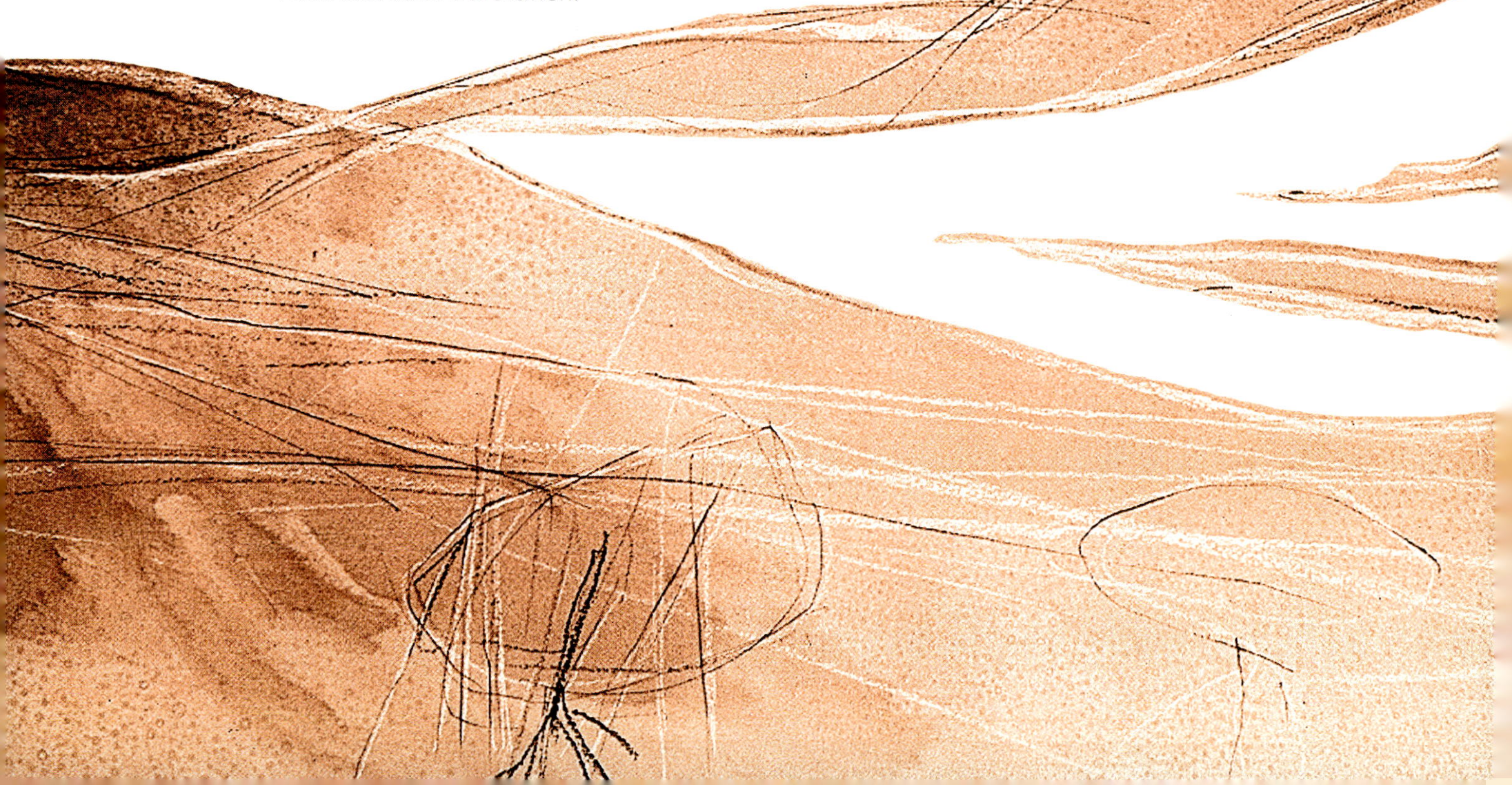

Das grundlegende Bewusstsein richtet sich aus auf die Einheit mit der Weisheit der Göttin. Hinderliche Bilder und Identifikationen verebben, mächtige Wogen eines unerschütterlichen Selbstbewusstseins branden auf uns zu. Die eigene ursprüngliche Göttlichkeit erweckt, wächst unser machtvoller Geist, unsere spirituelle Größe. Wir werden uns furchtlos an der eigenen Wildheit und Weiblichkeit freuen, frei von Hemmungen und Konventionen. Das Bild einer nackten Frau steht im Raum, die Weisheit symbolisiert und absolute Freiheit, die Spaß an ihrer Unabhängigkeit hat, sich niemandem unterwirft, ihre innere Unabhängigkeit kultiviert. Jede Frau, Repräsentantin, Verkörperung der großen Göttin, wertvolles Gefäß der Shaktienergie, Kanal, von dem alle Universumskräfte ausgehen, durch den alles hindurchfließt. Bilder eines erdverbundenen Lebens, Bilder von Ursprung und Grundlage, von Schöpferinnenkraft, aus der das Leben und Wohlbefinden auf allen Ebenen entsteht. Das Wissen um die weibliche Kreativität, die das Universum entstehen ließ. Unsere Kraft und unser besonderes spirituelles Potential, unsere Stärke, Eigensinnigkeit und Unabhängigkeit. Es ist das weise, zornvolle Weibliche, das wachsen wird. Machtvoll, spirituell frei, herausfordernd, geradeheraus. Der reine nackte Geist wird tanzen, eins mit der Göttin, die sich in allen und durch alle Frauen offenbart. Und deshalb mögen wir, als Verkörperungen der großen Göttin verehrt werden. Deshalb möge uns Wertschätzung entgegengebracht werden, deshalb möge uns mit Hochachtung und Hingabe, mit Ergebenheit und besonderem Respekt begegnet werden.

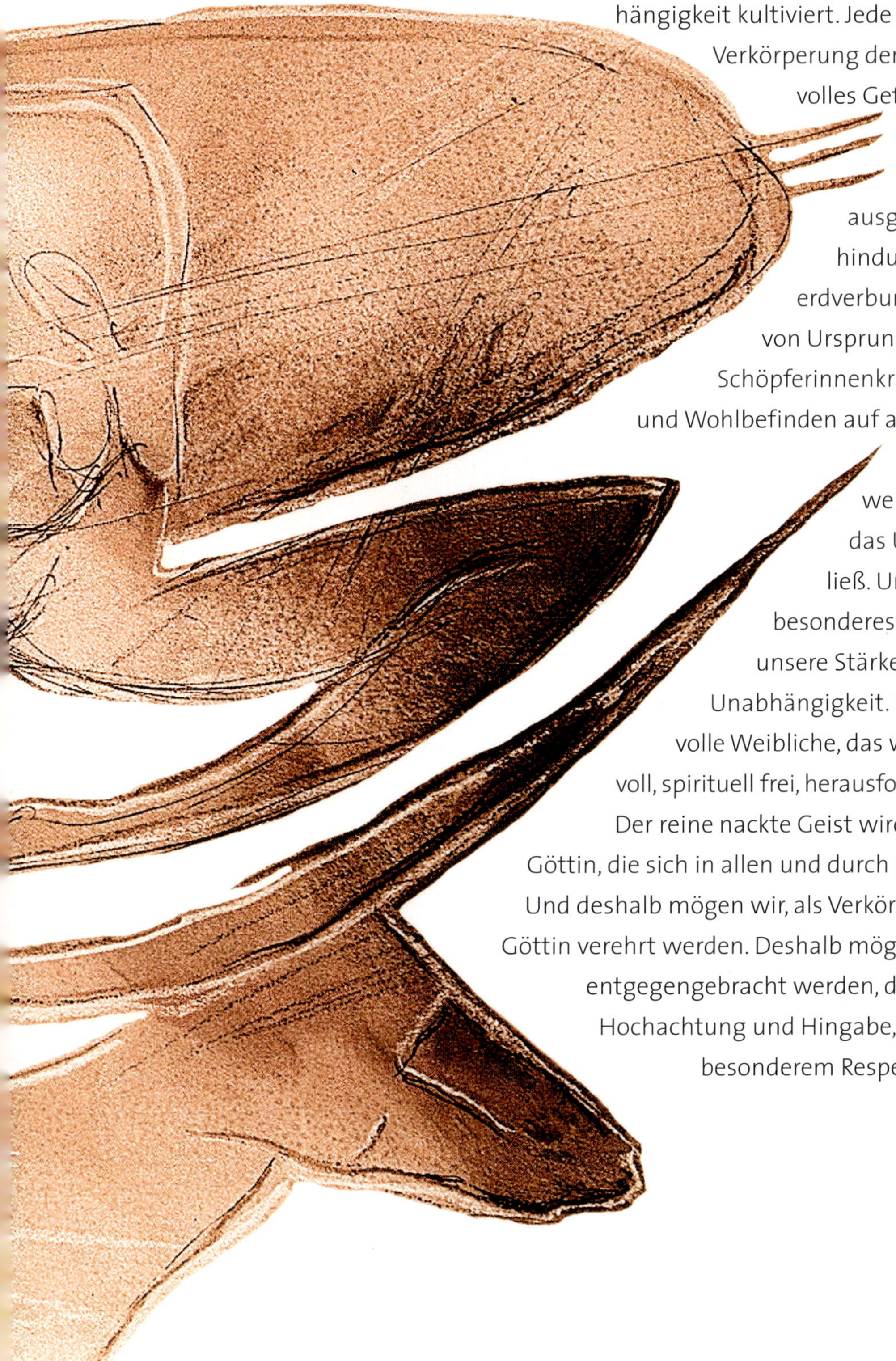

Gute Wünsche

Mögest du die Augenblicke auskosten,
ohne nach morgen zu fragen.
Mögest du dich und die Welt
von innen heraus wahrnehmen.
Mögest du der Wildnis Platz geben.
Mögest du im Sturm singen
und mit dem Donner trommeln.
Mögest du einem Funken
Chaos in dir erlauben,
einen neuen Stern zu gebären.
Mögest du immer
Spielräume haben,
Zeit, mit den Wolken zu ziehen
und am Fluss die Gedanken
fließen zu lassen.
Mögest du das Lachen
der Schmetterlinge hören.
Mögest du dich von Jasmindüften
betören lassen.
Mögest du dich wiegen lassen
in den Armen deiner Liebsten.
Mögest du vor dem Spiegel stehen
und dich schön finden.
Mögest du mit deinem Lachen
die Leichtigkeit nähren.
Mögest du dir alles verzeihen.
Mögest du dich morgens
an schöne Träume erinnern können.
Mögest du im Blütenregen
ans Ende der Welt tanzen.

Mögest du dir erlauben
anders zu sein.
Mögest du dir
Verrücktheiten zugestehen.
Mögest du nach Feuer riechen
und frischem Heu.
Mögest du mit Spinnen
ins Gespräch kommen
und in Wasserfällen
aus Stein baden.
Mögest du dir
ein Gedicht schreiben,
ein Bild malen und
deinen Namen flüstern.
Mögest du deinen Reichtum
weiterschenken, auf dass
Freude und Glück dort sind,
wo du bist.
Mögest du immer wieder
die Stille finden.
Mögest du der Göttin vertrauen
und dich des Lebens freuen.
Mögest du deine
Schöpferinnenkraft entfalten
und eine reiche Ernte haben.
Mögest du mit den Flügeln
von Weisheit und Mitgefühl fliegen.
Mögen dich immer
gute Wünsche begleiten.

Werkverzeichnis

102	- aus „Der Nabel der Erde“
104/105	- aus „Bewahrerin“ (Hintergrund)
	- Dreifrauenkraft
106	- Göttin mit den tausend Namen
108/109	- aus „Die Fließende“
111	- Im Fluss der Sinne
112	- aus „Erdas Töchter“
114	- Dornrosa
115	- Mondblutzeit I, II, III
117	- aus „Eigen-Mächtig“
118	- aus „Schöpferinnenkraft“
119	- Magie der Mondin
120/121	- aus „Erdgarten“
122	- Aus dem Schoß der Ahninnen
124	- Drachenhaut
125	- aus „Die Drachin“
126	- Wächterin
127	- Wächterstein
128/129	- aus „Feuertänzerin“ und „Tanz der Schamanin“
	- Die Himmelsberührerin (Stele)
	- Schamaninnenpfahl (Stele)
130/131	- aus „Stein der Geistkönigin“
134	- aus „Schwarzmond“
135	- aus „Grenzwanderin im weißen Land“
136	- Die Geiergöttin
138	- aus „Der Ruf der Sonnenreiterin“
139	- aus „Feuerwinde“ (groß)
	- Erdfrauen (klein)
140	- aus „Inneres Feuer“
	- Feuerahnin (Holz)
141	- aus „Rote Trommelreise“
142/143	- Von Anfang und Ende
144	- aus „Tanz der Ahninnen“
145	- Berggespinst
147	- Waldweise
148/149	- Kraftaspekte
150	- Erdgöttin
151	- Tara
152/153	- aus „La Amazona“
154/155	- aus „Schöpferin“
156	- Seherin
157	- Anrufung der Mondin
158/159	- Aufgefädeltes Allerlei

Technik:
Acryl mit Kreide auf Papier, Leinwand und Holz
mit Pinseln, Federn, Schwämmen, Lappen, Hölzern ...
Experimente mit antiken Maltechniken

Altes Wissen zieht Fäden ins Jetzt,
Fragmente beginnen sich zu verknüpfen,
Erdkraft und Imagination verbinden sich,
genährt im Kreis der Frauen.

Gaias Rhythmus vertrauend,
schlagen Visionen Wurzeln,
weben Ahnungen Bilder,
spinnen Träume Realitäten.